Roger Andreas Fischer

Vom offenen Geschehen und seiner Bewältigung

Reihe Philosophie

Band 33

Roger Andreas Fischer

Vom offenen Geschehen und seiner Bewältigung

Ein Essay

Centaurus Verlag & Media UG 2010

Bibliografische Informationen der Deutschen Nationalbibliothek
Die Deutsche Nationalbibliothek verzeichnet diese Publikation in der Deutschen Nationalbibliografie; detaillierte bibliografische Daten sind im Internet über http://dnb.d-nb.de abrufbar.

ISBN 978-3-8255-0771-8 ISBN 978-3-86226-496-4 (eBook)
DOI 10.1007/978-3-86226-496-4

ISSN 0177-2783

Umschlaggestaltung: Jasmin Morgenthaler

Satz: Vorlage des Autors

Meinem Vater

Inhalt

„Wer aber Erster ist in der Schlacht, für den ist es unbedingt not Standzuhalten, gleich ob es ihn trifft oder den anderen."

Homer, Ilias, 11. Gesang, Verse 409/410

„Chacun peut mettre, nul ne peut ôter."

Blaise Pascal, Pensées, Fragment 552

Vorwort

Dies ist in mancher Hinsicht ein leichtsinniger Beitrag. So sind vorab einige Warnungen angebracht. Sein Gegenstand reicht weit über die Kompetenzen des Verfassers hinaus und zeigt was geschehen kann, wenn Juristen sich an Philosophie, Geschichte und Soziologie versuchen. Daß Größen wie Mommsen, Weber, Luhmann diesen Weg schon beschritten haben – und mit welchen Ergebnissen –, muß die Zweifel eher noch bestärken.

Wo solide wissenschaftliche Kenntnisse und Fähigkeiten fehlen, versucht man es mit spielerischem Interesse. So ergaben sich die Fragen, denen dieser Beitrag nachgeht, aus ausschweifender, vom Lustprinzip geleiteter Lektüre – nicht systematischer Recherche. Daraus folgt schon ein erster Mangel: Der Beitrag stützt sich nicht auf gesicherte Meinungsstände, sondern einen bunten Korb einzelner Lesefrüchte.[1] Für den Garten aus dem sie stammen, sind sie sicher nicht repräsentativ. Die ganze Ernte bringen ja immer nur die Spezialisten ein. Hinzu kommt offene Parteilichkeit für eine Reihe von Lieblingsautoren, die hier eher unkritisch-bewundernd herangezogen werden. Der Leser wird sie sofort erkennen.

Tocqueville[2] sagt, das Denken in großen Systemen sei ein Trost für mittelmäßige Geister. Dieser Beitrag geht der abstrakten Frage nach, wie Gesellschaften mit Kontingenz umgehen. Woran sie er-

---

1 Montaigne, Essais I XXV (207) sagt: „Je m'en vais écorniflant par çi par-là des livres les sentences qui me plaisent, non pour les garder, car je n'ai point de gardoires, mais pour les transporter en celui-çi, ou a vrai dire, elles ne sont plus miennes qu'en leur premiere place."

2 Démocratie, Band II, 108.

kennen, daß eine Sache so oder auch ganz anders ausgehen könnte und wie sie diese Unsicherheit bewältigen. An dieser Frage werden dann so fundamentale Begriffe wie Zeit, Verständigung, Handlung, Politik, Tragödie, Organisation und Staat aufgefädelt. Der hier vorgeschlagene systematische Zusammenhang zwischen diesen Begriffen ist selbstverständlich arg konstruiert und läßt damit das Substrat des wirklichen Lebens weitgehend aus. Eher geht es um die innere Grammatik, nach der dieses Leben geschrieben wird, also um kulturelle Formen, nicht naturwissenschaftliche Gegebenheiten. Weil es in vieler Hinsicht unsere eigenen Formen sind, wiederholt der Beitrag auch manches längst Bekannte – sicher bis zur Eklektik und vielleicht bis zur Banalität. Er bringt aber auch einige gewagte Schlußfolgerungen, die mehr mit persönlicher Phantasie zu tun haben als mit gesicherten Erkenntnissen. Der hier gewählte begrifflich-systematische Ansatz führt schließlich zu einigen optischen Verzerrungen: Weil die antike Polis sich begrifflich auf das gute Leben richtet, erscheint sie hier zum Beispiel viel besser, als sie in Wahrheit gewesen sein muß. Und weil der neuzeitliche Staat begrifflich zunächst Machtmittel beschaffen sollte, kann er hier an manchen Stellen negativer erscheinen, als er in Wirklichkeit ist. So trifft vieles, was hier allgemein über den Staat gesagt wird, auf den reifen demokratischen und sozialen Rechtsstaat der Gegenwart nicht zu. Der Beitrag erinnert nur daran, daß er selbst Ergebnis einer historisch kontingenten Entwicklung ist, die auch andere, schlechtere Wege hätte nehmen können. Überhaupt geht es ihm weniger um Wertung, dafür mehr um Beschreibung und Deutung.

Inzwischen kann es keine Überraschung mehr sein, daß dieser Beitrag nicht einmal durchweg rational argumentiert. Tatsächlich deutet er an einer Stelle an, daß auch das Argument als Denkfigur seine Herkunft und damit seine Grenzen hat. Aber selbst das ist nicht neu, wenn man in der Zeit nur weit genug zurückgeht. Sicher wird der Leser noch weitere Mängel finden.

Die Gattungsbezeichnung „Essay" soll da wenigstens den vorläufigen, entwerfenden Charakter des Beitrags ankündigen. Das Wort spricht ja nicht nur vom Wägen (*exagium*), sondern auch vom Versuchen.

Der Beitrag beginnt mit einem Überblick über verschiedene Vorstellungen von Zeit (I) und zeigt dabei typische Verbindungen auf – die zwischen Kreisen und Dauern sowie die zwischen Gehen und Stehen. Dann legt er dar, welche Rolle die Verständigung für die Zeiterfahrung spielt und führt das Erlebnis von Kontingenz auf die Grenzen der Verständigung zurück. Auf dieser Grundlage wird jeweils kurz (und entsprechend grob) umrissen, wie die Antike (II) und die Moderne (III) Kontingenz erfahren und bewältigen. In sich sind diese beiden Kapitel ganz ähnlich gegliedert. Sie beginnen mit der jeweils maßgeblichen Quelle individualisierter Pflichten (1) – hier der (weltverbrauchenden) Transzendenz und dort der (weltverstetigenden) Organisation. Und sie schließen mit der Problematik der Handlung (2) – hier dem eigenen, gemeinsamen Handeln der Polis und dort dem distanzierten Handeln eines anderen im Staat.

Dabei wird jeweils zuerst die Konstitution des Handlungszusammenhangs (a) betrachtet (hier Politik, dort Integration) und danach (b) die Kompensation der Lasten, die daraus entstehen (hier Tragödie, dort Repräsentation). Der Schluß (IV) berührt die Frage, wie nachhaltig unser modernes Modell zur Bewältigung der Kontingenz noch ist.

I. Die fünf Beziehungen zur Zeit

Jede Erscheinung verhält sich zur Zeit. Dieses Verhältnis kann fünf verschiedene Formen annehmen: Stehen, Dauern, Kreisen, Laufen und Gehen. Jede Gesellschaft ordnet diese Formen auf ihre Weise den Erscheinungen zu – zum Beispiel hier die auf Dauer gestellte Weltordnung und dort der gleichsam naturgesetzliche Lauf der Geschichte. Wie eine Gesellschaft die Formen verteilt, kann einiges über sie verraten. Denn es zeigt deutlich, worauf sie sich verläßt, mit welchen Veränderungen sie rechnet und was sie als ihr eigenes Pensum[3] betrachtet. Wir haben auch eine Chance diese Zusammenhänge zu verstehen, selbst wenn sie zu historisch fernen oder kulturell fremden Gesellschaften gehören.[4] Die Spolien der Vergangenheit und die Rückstände des Tausches bilden ja weithin den Baustoff unserer eigenen Welt.[5]

Deshalb lohnt es sich, die fünf Zeitbeziehungen zunächst als abstrakte Positionen zu beschreiben, auf denen sich je nachdem eine Erscheinung oder eine andere befinden kann. Als Positionen bilden die Zeitbeziehungen ein System von Unterschieden. Der erste Unterschied trennt zwischen dem, was der Zeit überhaupt unterliegt und dem, was jenseits von ihr steht.

---

3 Den hilfreichen Begriff verdanke ich Meier, Entstehung, 38.
4 Assmann, Ägypten, 30.
5 Lévy-Strauss, Das wilde Denken, 34.

1. Stehen

Das *Stehen* außerhalb der Zeit wird ursprünglich durch Vorstellungen von Transzendenz erschlossen und findet in den Bekenntnissen des Augustinus[6] einen gültigen Ausdruck. Auch Theorien der Gegenwart beschreiben in etwa das Stehen, soweit sie sich die Zeit wie einen (vielleicht grenzenlosen) Raum vorstellen.[7] In der Logik entspricht der Begriff des Endes am ehesten dem Stehen. Und vieles spricht dafür, daß das Stehen auch die Zeitbeziehung der Liebe und der Kunst ist. Beide Erscheinungen haben ja eigentlich keine Geschichte. Sie werden nicht als Ergebnis eines Vorgangs erfahren, sondern jedesmal neu als das Selbe. Geschichtlich im Sinne der Liebes- oder Kunstgeschichte ist nur der äußere Hergang von Gesten und Taten, die sich an diese Erfahrungen anlagern wie wechselnde Kleider.

2. Dauern

Alles was nicht steht, hat mit Veränderung wenigstens zu tun. Das gilt auch für die *Dauer*, denn sie ergibt sich erst aus einem hinreichenden Widerstand gegen Veränderung. Überhaupt scheinen alle Zeitbeziehungen außer dem Stehen auf gleichsam physikalischen Erscheinungen wie Last und Kraft zu beruhen. So ist es kein Wunder, daß in diesem ganzen Bereich seit den Eleaten[8] theoretische Zweifel und Unsicherheiten anhalten. Der logische Begriff der Dauer ist der Grund.[9] Die Dauer wird typischerweise als die Außenseite des Ste-

---

[6] Bekenntnisse, IX, 10, 24 und XI 13, 16. Auch: Pascal, Pensees, Fragment 576.

[7] E. J. Lowe, Artikel "Time", in: Honderich (Ed.), Oxford Companion to Philosophy.

[8] Zum Beispiel Zenon in: Capelle, Vorsokratiker, 177, Nr. 14, Fragment 4.

[9] Oder anthropologisch gesprochen das Totem, vgl. Lévy-Strauss, Das wilde Denken, 258.

henden erlebt, das in die Zeit hineinragt. Jedenfalls handelt es sich um einen Standpunkt, dem gegenüber Erscheinungen nicht aufeinander folgen, sondern – gleichsam räumlich[10] – nebeneinander stehen. So können wir den gestrigen Tag[11] mit jedem beliebigen Tag aus der übrigen Vergangenheit vergleichen, soweit wir selbst diese Tage überdauert haben. Die antike Vorstellung der Unsterblichkeit ist vielleicht die prägnanteste Figur der Dauer: Wer all seine Möglichkeiten zur Vollendung gebracht hat, tritt damit in einen abgeschlossenen Raum, in dem generell nichts mehr erreicht werden muß, weil alles schon gegenwärtig ist. Parmenides spricht dem Sein als Ganzem Dauer zu wenn er sagt, es fasse *„jetzt alles auf einmal"* zusammen.[12] Im alten Ägypten manifestiert sich die Dauer (*„djet"*) als Steinmonument gegenüber einer Umwelt von Lehmbauten. Diese Umwelt steht zwar selbst in der kreisenden Zeitbeziehung der Arbeit[13] (*„neheh"*), aber ermöglicht es erst, daß Dauer entstehen kann.[14] Der Unterschied zwischen Dauern und Kreisen bestimmt und betont hier auch ein gesellschaftliches Statusverhältnis. Auch Verhaltens- oder Ereignismuster können als dauernd betrachtet werden. So sagt Marc Aurel, mit vierzig Jahren und einem Funken Verstand habe man schon alles Vergangene und alles Künftige gesehen, *„weil es im Grunde ganz gleicher Art ist"*.[15] Die alte Vorstellung von der Geschichte als Quelle von *exempla* unterstellte ebenfalls allgemeine, bewährte und damit dauerhafte Schemata, die jederzeit Orientierung über die Lage und sinnvolle Verhaltensoptionen geben können.[16] Für

---

10 Assmann, Ägypten, 491, Fn. 21.

11 Ps. 90,4.

12 Meier, Kultur, 287.

13 Arendt, Vita Activa, 144f.

14 Assmann, Ägypten, 32, 93. Das Pensum lautet dann, die Welt in Gang zu halten, vgl. 35, 88, 204, 209.

15 Selbstbetrachtungen, 11. Buch, Teil 1.

16 Koselleck, Historia Magistra Vitae, in: idem, Vergangene Zukunft, 38f.; Lévy-Strauss, Das wilde Denken, 301.

das Verständnis einer Gesellschaft ist das jeweils für sie Dauerhafte deshalb so entscheidend, weil es den Punkt beschreibt, von dem aus sie Veränderung und Wandel wahrnimmt, deutet und bewältigt. So ist zum Beispiel alle Betriebsamkeit im Alten Reich Ägyptens nur dazu da, die Welt so wie sie ist in Gang zu halten und in ihr Dauer zu ermöglichen. Die Dauer ist geradezu das geborene Zeitverhältnis der Rechtsnorm[17] im traditionellen Sinne des Vernünftig-Allgemeinen.[18] Aber selbst der Krieg, den wir uns als diskretes Ereignis vorstellen, kann bestimmten Gesellschaften als dauerhaft erscheinen. Man denke an den geradezu kalendermäßigen Feldzug des Pharao gegen die südlichen Grenzvölker oder die jährliche Kriegserklärung der Spartaner an die Heloten. Seit der Neuzeit hat die Dauer keine rechte Konjunktur mehr. Wo man überhaupt noch Gesetzmäßigkeiten sieht, betreffen sie nicht mehr Bestände, sondern Entwicklungen. Montaigne sagt, *„je ne peints pas l'estre, je peints le passage"* – und nimmt damit das Zersetzungsthema des niederländischen Stillebens vorweg. Fernand Braudel hat die Dauer weitgehend in die naturräumlichen Bedingungen hinein abgedrängt (*„structure"*, *„geohistoire"*)[19] und selbst dort gibt es Umbrüche.[20]

3. Kreisen

Was nicht dauert, ändert sich – sei es in einem Kreislauf von Wiederholungen oder in einem endlichen Prozeß. In logischer Hinsicht geht es hier durchweg um den Sinn – oder die Bewandtnis wie Heidegger sagt. Die *kreisende* Wiederholung von Erscheinungen folgt stets einem – seinerseits dauernden – Programm. Soweit das Kreisen

[17] Aristoteles, Politik, 58 (1269a).
[18] Schmitt, Verfassungslehre, 139.
[19] Burke, Offene Geschichte, 41.
[20] Diamond, Collapse.

menschliche Tätigkeit betrifft, dient es in der Regel dazu, Personen,[21] Lebensformen oder sonst eine kulturelle Formation zu verstetigen, also dauerhaft zu machen.[22] Also bringt es die erratischen Energien der Welt auf ein stetiges Normalmaß – durch regelmäßigen Aufbau von Energie, die dann zum Leben verbraucht werden kann (Betrieb)[23] sowie durch regelmäßigen Abbau von Energie, die sonst die Formation stören könnte (Ritual).[24] Selbst das unerhörte Ereignis wird im Ritual zum bestätigenden Vollzug einer längst bekannten Geschichte, die stets aktuell bleibt, weil immer neue Personen und Begebenheiten an die von ihr angewiesenen Plätze treten.[25] Thomas Mann hat dieses Denken kongenial in „Joseph und seine Brüder" dargestellt und nachvollzogen. Schon die Begriffe Betrieb und Ritual deuten an, daß es Mischformen und Überschneidungen zwischen ihnen gibt.

4. Laufen

Endliche Prozesse können entweder einem auf Dauer geltenden Programm folgen – das heißt: immer wieder *ablaufen* – oder offen, undeterminiert und unwiederholbar *vorgehen*, bis sie am Ende zum Stehen kommen. Soweit ihnen ein Programm zugrunde liegt, wird es in der Regel als starre innere Notwendigkeit vorgestellt.[26] Der Begriff des organischen Werdens, die Weltalterlehren und der ganz ana-

---

21 Etwa die Stiftung von Land gegen regelmäßige Gebete für die Seele des Stifters, vgl. Snell, Life, 27 und Assmann, Ägypten, 61.

22 Auch der Staat kann als *katechon* im Sinne von 2 Th. 2, 6-7 diese Rolle spielen. Zu einer Krise dieser Funktion siehe Assmann, Ägypten, 200f.

23 Die Volkswirtschaftslehre drückt diesen Sachverhalt treffend durch Kreislaufmodelle aus, vgl. nur Schumpeter, Theory, 3f.

24 Lévy-Strauss, Das Wilde Denken, 273.

25 Eindrucksvoll Geertz, Person, Time and Conduct in Bali, in: idem, Interpretation, 360.

26 Heidegger, Sein und Zeit, 244.

loge Gedanke einer gleichsam naturgesetzlich determinierten Geschichte gehören in diesen Zusammenhang. Programme können aber auch Varianten enthalten, also für den einen Fall diese und den anderen Fall jene Reaktion vorsehen – die Determination des Ablaufs wird damit nur noch stärker. Wir erkennen dieses Modell im mythisch-magischen Denken. Hier sieht sich das widersprüchliche Verhalten des Menschen unsterblichen Kräften gegenüber. Die Menschen handeln bald richtig und bald falsch. Sie können aber den Gesamtsinn ihres Lebens von sich aus nicht erkennen, weil der eben nur vom Standpunkt der Unsterblichkeit aus zu sehen ist. Die Leistung des mythisch-magischen Denkens liegt nun darin, die verwirrende Menge scheinbar unverbundener Einzelereignisse als logische Schritte eines einheitlichen Programms[27] darzustellen. Dies geschieht durch Verständigung, nach folgendem Modell:

Meine Sünde erwidern die Unsterblichen durch eine mir zugedachte Strafe, die ich meinerseits mit hinreichenden Bußakten zu beantworten habe – worauf sie mir wieder Wohlergehen zuwenden.[28] Auf diese Weise wird jedes Ereignis als ausdrücklich adressierte Aussage sofort interpretierbar und bringt das Muster für die Abhilfe – die angemessene Antwort – gleich mit.[29] Im alten Ägypten ist dies das Prinzip einer universell gedachten Gerechtigkeitsvorstellung („*Ma'at*"). Entscheidend ist, daß die Verständigung allgemeine Formen bereithält, die Sinnzusammenhänge gerade dann wieder fügen können, wenn der unsichere Zeitlauf der Sterblichen sie unterbricht. Diese Formen sind das Versprechen und das Verzeihen.[30] Damit wird

---

[27] Möglicherweise ist das die Bedeutung des sumerischen „Me", das Kramer, Sumerians, 115 gewissermaßen als Betriebsanleitung der Welt darstellt.

[28] Vgl. Kramer, Sumerians, 129, 135. Der bibelwissenschaftliche Begriff des „Tun-Ergehen-Zusammenhangs" verfehlt den kommunikativen Gehalt dieses Ablaufs. Tatsächlich handelt es sich um eine Art Wechselrede.

[29] Vgl. Lévy-Strauss, Das Wilde Denken, 255f. Heidegger, Sein und Zeit, 340 kann in einem ähnlichen Sinne sagen, das Verstehen gründe in der Zukunft.

[30] Hannah Arendt, Vita Activa, 300f.

die spezifische Leistung der Verständigung – auch unter Sterblichen – deutlich. Sie absorbiert Kontingenz. Wo es keine Verständigung gibt, dort könnte alles jederzeit auch ganz anders sein. Wo sie aber eingreift, dort gibt es keine Zufälle, sondern höchstens aufzuklärende Mißverständnisse. Die stabilisierende Kraft der Verständigung kommt dort am stärksten zur Geltung, wo kurze Wege zugleich das Gliederungsprinzip der Gesellschaft sind – in klientelistisch oder feudal geprägten Systemen.[31] Unbehagen kann sich hier nicht zu einem „gesellschaftlichen" Problem ausbreiten, weil wirksame Abhilfe immer nur im einzelnen Klientel- oder Lehensverhältnis erwartet wird.[32] Der Klient weiß, für ihn ist gesorgt, wenn er nur seinen Patron unterstützt. Der Patron weiß, er kann seinen Status halten, wenn er nur seine Klienten versorgt. Mehr ist für beide nicht nötig. Der Klient braucht sich nicht um andere Patrone oder gar um den Herrn seines Patrons zu kümmern. Der Patron ist von der Sorge um die Klienten anderer Patrone und in aller Regel auch von der um die Klienten seiner Klienten frei. Man kann also sagen, daß eine solche Gesellschaft allfällige Probleme wirksam zerkleinert, verteilt und verdaut – und zwar nur durch Selbstorganisation, also ohne Hinzutreten einer willentlich hervorgebrachten Ordnung. Entscheidend ist nun, daß an den Relaisstellen dieses Systems über lange Zeiträume hin unmittelbare gegenseitige Verständigung stattfinden kann – oft unter Anwesenden. Die Wiedererkennbarkeit eines wirklichen Willens und das Fehlen hierarchisch oder technisch bedingter Übertragungsverluste bilden hier ein jederzeit bereitstehendes Potential für äußerst wirksamen Kontingenzabbau.

[31] Voll ausgebildet schließen diese Systeme auch Götter ein, die damit als oberste Patrone auftreten, vgl. Snell, Life, 25; Assmann, Ägypten, 48, Reinhard, Geschichte, 136f.

[32] Meier, Res, 22.

5. Gehen

Kontingenz wird erst erfahren, wenn Selbstorganisation nicht mehr hilft und Götter und Menschen einander nicht mehr verstehen. Das ist die Zeit für den unwiederholbaren *Gang* der Handlung, die keinem Programm folgt, sondern am Ende nur zum Stehen kommen muß – und in diesem Sinne frei ist. Anders gesagt geht es hier um Fälle, in denen ich den Angesprochenen auch mit dem korrektesten Verhalten nicht sicher dazu bewegen kann, etwas für mich zu tun. Vielmehr muß ich einsehen, daß ich es mit Kräften zu tun habe, für die meine Regeln über Verständigung und Austausch nicht verbindlich sind.[33] Für archaische Gesellschaften ist das ein grundstürzender Umbruch, denn sie begreifen diese Regeln ja ursprünglich als Ordnungsprinzipien einer ganzen monistisch gedachten Welt, in der buchstäblich alles einen Sinn hat – oder nichts.[34] Tatsächlich verbindet die altägyptische Literatur das Chaos mit einem Ausfall der Verständigung: *„Zu wem kann ich heute reden?"*.[35] Noch Ludwig Wittgenstein sagt, *„die Grenzen meiner Sprache bedeuten die Grenzen meiner Welt"*.[36] Und die Beobachtung, daß sprachlich codierbare Erscheinungen auch besser wahrgenommen, reflektiert und erinnert werden,[37] deutet bestätigend in diese Richtung.

Die Kontingenzerfahrung zwingt mich zu sehen, daß die verständliche Welt, die mich schützt, ihrerseits eine verletzliche Außenseite hat.[38] Das prägt unvermeidlich die Grundhaltung zur Welt. Sie ist dann nicht mehr das betrachtende Vernehmen einer einheitlichen

33 Meier, Entstehung, 45.
34 Levy-Strauss, Das Wilde Denken, 201.
35 Assmann, Ägypten, 204.
36 Tractatus, Tz. 5.6.
37 Lyons, Language, 305f.
38 Meier, Entstehung, 418.

Ordnung, der gegenüber ich bald richtig und bald falsch liege. Sondern umgekehrt bildet sich in mir ein Wille, dem gegenüber die Welt in gute und schlechte Teile zerfällt.[39] Die wirkungsmächtigsten Beispiele dafür, wie eine Kultur Kontingenz erfahren und bewältigen kann, sind wohl das alttestamentarische Israel und die athenische Demokratie.

[39] Luhmann, Politik, 108/109.

II. Das kontingente Ereignis und seine Erwiderung

1. Transzendenz

Bestürzend deutlich zeigt das Buch Hiob, daß Gott tut, was er will und der Mensch ihn nicht binden kann. Das eben umrissene Verständigungsmodell, nach dem es nur dem Missetäter schlecht ergehen dürfte, lehnt es ausdrücklich ab. Damit wird der Blick frei für die Betrachtung echter Transzendenz. Wie viel fruchtbarer die Vorstellung einer Position außerhalb der gegebenen Weltordnung verglichen mit ihrer Alternative ist, kann jemand, der selbst in dieser Tradition steht, wohl kaum mehr ganz ermessen. Ihre Früchte sind ihm ja selbst zur täglichen Nahrung geworden. Das menschliche Verhalten steht hier unter einem neuen Kriterium: Es geht nicht mehr darum, daß ich die richtige Botschaft versende, damit der Empfänger meine Probleme löst. Sondern ich muß zunächst selbst mit der Widersprüchlichkeit meines Verhaltens zurande kommen. Institutionen mögen mir dabei helfen und sie können Gott auch gefallen. Aber sie werden ihn nie so vereinnahmen können wie das archaische Verständigungsmodell sich das gedacht hatte. Auf dieser Grundlage können dann wiederum selbst klientelähnliche Figuren wie die Fürbitte dialektisch schlüssige Elemente einer transzendentalen Religion sein.

Was Transzendenz für die Zeitverhältnisse bedeutet, erzählt das Buch Exodus. Dort deutet der Pharao den Anspruch Jahwes – *„Laß mein Volk ziehen, damit sie mich verehren können"* – einfach als Arbeitsverweigerung seiner Bediensteten.[40] Und in der Tat sieht sich

---

[40] Ex 5.4.

die Exodus-Gruppe am Anfang in der endlos kreisenden Zeit der Arbeit. An der Dauer, die sie betreibt, hat sie selbst keinen Anteil. Ihr Auszug ist ein sinnfälliger Bruch mit beiden Zeitbeziehungen.[41] Ihre Wanderung ist alles andere als der Vollzug eines vorgegebenen Programms oder die Durchführung eines geordneten Opfer-Gunst-Dialogs. Die in jeder Hinsicht leidenschaftliche Liebesgeschichte zwischen Gott und seinem Volk läßt solche Vorstellungen gar nicht aufkommen. Die Zeit wie Israel sie erlebt, ist nicht mehr in ihrem Verlauf geregelt, sondern nur noch dadurch bestimmt, daß sie ein Ende hat.[42] Möglichkeiten werden darin nicht vollzogen, sondern verbraucht. Diese Zeit soll nicht dauern, sondern vergehen und am Ende zum Stehen kommen. Das Stehen ist aber die Zeitbeziehung der Transzendenz. Gehen und Stehen unterscheiden sich damit vom Lauf, der sein Programm in der Dauer zurückläßt. Damit löst die Transzendenz auch das Problem des kontingenten Ereignisses: Es kann kommen, was will, weil es so oder so zum Ende beitragen wird. Man muß das Ende nicht kennen, um sich darauf zu verlassen.

2. Handlung

Im Athen des fünften Jahrhunderts v. Chr. erscheint die Kontingenz nicht wie im Alten Testament als Ferne der Transzendenz. Im Gegenteil geht es hier um ein Zusammenbrechen von Abständen,[43] das unterschiedliche Willensrichtungen dicht gegeneinander stellt, ohne sie kommunikativ zu verknüpfen. Der Krieg ist das Modell dafür. Auf lange Sicht mag es zu einem Verständigungsfrieden kommen oder Verlauf und Ausgang des Konflikts erweisen sich im Rückblick

---

41 Augustinus, Gottesstaat, XII, 14 (81).

42 Heidegger, Sein und Zeit, 261.

43 Lévy-Strauss, Das Wilde Denken, 91; Foucault, Society (4. Februar 1976), 90f. und Order, Kapitel 8/III, 272.

als notwendige Teile des göttlichen Plans. Aber die *„kurze schauerliche Zeit"*,[44] in der Menschen leben und handeln müssen, kann damit nicht rechnen.[45] Aus diesem Blickwinkel sind vielmehr Erscheinungen zu sehen, die nicht ohne weiteres auf einen Willen zurückgehen (und damit durch Verständigung zu bewältigen wären), sondern nur auf den gleichsam physischen Zusammenstoß unterschiedlicher Willensrichtungen.[46] Dann geschieht, was keiner gewollt hat. Es liegt nah, dies mit dem Begriff der Gefahr zu verbinden.

Die Kontingenzerfahrung ist allgemein umso intensiver, je größer der Abstand zwischen erlebter und geregelter Zeit wird.[47] Die geregelte Zeit kann dabei entweder bevorstehen – als Moment, in dem sich jeder scheinbare Zufall im Rückblick doch als unverzichtbarer Stein in einem schlüssigen Mosaik erweist. Oder sie kann zurückliegen – als „gute alte Zeit", in der die hergebrachten Formen noch zur Verständigung (also zum Abbau von Kontingenz) taugten und nicht bloß zum Denken oder Erinnern.[48]

Trajans *„nec nostri saeculi"* gehört hierher. Und heute spricht Reinhart Koselleck von Erfahrungsraum und Erwartungshorizont.[49] Athen bewältigt Kontingenz über den Begriff des Handelns. Als Erbe des ionischen Philosophie weiß es aber, daß menschliches Handeln stets zweideutig bleibt. Also formt es dessen Tagseite zur Politik und die Nachtseite zur Tragödie. Daß die beiden Seiten des Handelns weder praktisch miteinander vereinbar noch philosophisch voneinander zu trennen sind, schadet dieser Gesellschaft nicht. Denn was weder ganz zu leben noch ganz zu verstehen ist, das kann man immer noch spielen.

---

[44] Bachmann, „Erklär mir, Liebe" in: Sämtliche Gedichte, 119 (120).

[45] Aristoteles, Politik, 236 (1323a, Zeilen 18f) zum Unvorhergesehenen.

[46] Meier, Entstehung, 44.

[47] Luhmann, Politik, 157, Fn. 25.

[48] Lévy-Strauss, Das Wilde Denken, 84, 268.

[49] Vergangene Zukunft, 349f.

a. Politik

Politik soll die Kontingenz bewältigen, die über Verständigung nicht abzubauen ist. Diese Aufgabe verleiht ihr einige dauernde Grundzüge. Das fängt damit an, daß die Politik keinen eigenen, positiven, von vorneherein bestimmten Gegenstandsbereich hat.[50] Vielmehr betrifft sie eben jeweils den *Rest*, der sich nicht mehr von selbst regelt.[51] I Sam 8,7 und Platos *Politikos*[52] drücken diesen Zusammenhang übereinstimmend dahin aus, daß die Politik genau dort beginnt, wo die unmittelbare göttliche Herrschaft endet. Inhalt und Umfang der Politik ergeben sich dann aus zwei Variablen – dem Raum meiner Lebensbedingungen und der Reichweite meiner Verständigung. Politik ist nur nötig, wo das erste größer ist als das zweite. Deshalb brauchen Gesellschaften mit engen Lebenskreisen beziehungsweise starker Verständigungskraft entsprechend weniger Politik. Umgekehrt ist ein hohes Maß an Politik Kennzeichen für eine Gesellschaft mit weiten Lebenskreisen beziehungsweise geringer Verständigungskraft. Dieser Restcharakter der Politik führt oft dazu, daß sie sich zu einer Notordnung ausprägt, in der Vorsorge, Anpassung und Sachzwang herrschen.

Die Figur der Polis zeigt aber, daß es auch anders geht. So ist die Politik für Aristoteles[53] ein selbstverständlicher Beitrag zur Eudämonie, also zum guten Leben im Gegensatz zur bloße Abhilfe in der Not. Dieser Gedanke fällt freilich nur Gesellschaften zu, die Kontingenz nicht als lästiges Restrisiko, sondern als innere Bestimmung des Lebens betrachten.

---

50 Meier, Entstehung, 32.

51 Burckhardt, Betrachtungen, 135.

52 Collected Dialogues, 1018 (1034), 269c, Assmann, Ägypten, 54.

53 Politik, 94 (1280a).

Die Kontingenz liegt jenseits der Weltordnung, in der ich mich verständigen kann. In diesem Sinne kommt sie stets *von außen*. Entsprechend richtet sich die Politik schon begrifflich immer auf die kontingente Außenseite der Gesellschaft. Weil Kontingenz potentiell überall erscheint, kann diese Außenseite nicht nur das Verhältnis einer Gesellschaft zu Dritten, sondern unter Umständen auch das Verhältnis der Bürger zueinander betreffen. Politische Herrschaft ist in der Geschichte aber oft erst als Reaktion auf eine kriegerische Bedrohung durch geographisch äußere, ihrerseits politisch aufgestellte Mächte entstanden.[54] Aristoteles[55] spricht von der ansteckenden Wirkung von Verfassungen auf die innere Ordnung der Nachbarn. Hier mag der Ursprung der Wendung vom Primat der Außenpolitik liegen.

Schließlich ist Kontingenz das, was eine Gesellschaft in ihrer gegebenen Struktur nicht abarbeiten kann. Deshalb schafft sich die Politik einen gedachten Raum, in dem die hergebrachten Hierarchien und Regeln nicht mehr ohne weiteres gelten, sondern ihrerseits kontingent sind. Das soll Spielraum für Handlungen schaffen, die die Kontingenz in neuen Formen bewältigen. Diese konstruierte *Distanz* vom gesellschaftlich Üblichen wird zuweilen als Scheincharakter der Politik kritisiert.[56] Tatsächlich ist sie für sich genommen weder gut noch schlecht, sondern nur eine mehr oder weniger geeignete Möglichkeit, die historisch nächste Aufgabe zu lösen. Rom konnte sich zum Beispiel den gesellschaftlichen Rückwirkungen seines *imperium* nur unter der Bedingung stellen, daß der Raum der Politik wenigstens optisch verschlossen blieb.[57]

Im einzelnen ermöglicht die Politik zumindest geistig Alternativen zu den gegebenen Nähe- und Ferneverhältnissen, Organisations-

---

54 I Sam 8; 5, 20; Tocqueville Démocratie, I, 247; Luhmann, Politik, 251.
55 Politik, 186 (1307b).
56 Jünger, Arbeiter, 13f.
57 Meier, Res, XXII.

strukturen und selbstverständlich zu den hergebrachten normativen Formen der Verständigung. Das beginnt mit den Verhältnissen unter den Menschen. Dort gibt es zwar immer noch Nähe und Ferne, aber daran fühlt sich die Politik nicht gebunden. Wer mir gesellschaftlich nahe steht, kann mir vielmehr politisch ganz fern liegen – und umgekehrt. Ein typisches Motto für diese Umwertung ist die Gleichheit, die meinen Patron zum bloßen Mitbürger distanziert und mich selbst in die Nähe zu Angehörigen ganz anderer Klientelgruppen bringt – die Phylenreform des Kleisthenes folgt diesem Prinzip.[58] Auf diesem Weg bringt die Politik neuartige Mittel der Entfernung (zum Beispiel die Unterscheidung von Regierung und Opposition) oder der Vergegenwärtigung (zum Beispiel die Repräsentation) hervor.

Die je schon vorgefundene Organisation einer Gesellschaft ist für die Politik ebenso unmaßgeblich wie konkrete Nähe und Ferne. Wo die Politik sich als bloße Notordnung versteht, scheint sie sogar eine organisationsfeindliche Tendenz zu haben. Diese Grundspannung ergibt sich aus dem Gegensatz ihrer Zeitbeziehungen: Während die Organisation durch Betrieb und Ritual ein dauerndes Programm zur Geltung bringen will, muß die Politik zu immer neuen Entscheidungen ansetzen. Ihre Zeitbeziehung ist ja der kurze, jeweils einmalige Gang der Handlung, der die Last der Vergangenheit und die Offenheit der Zukunft systematisch ausblendet.[59] Das kann dazu führen, daß selbst das fachlich Richtige für die Politik unmaßgeblich bleibt – zum Beispiel, weil es sich nur vorgestern oder übermorgen bestätigt, aber eben nicht gerade jetzt. Die Klage darüber ist von Plato[60] bis Luhmann[61] folgenlos geblieben und das konnte auch nicht anders

[58] Meier, Entstehung, 103f.
[59] Luhmann, Politik, 145f.
[60] Collected Dialogues, 1018 (1069), 299b.
[61] Politik, 148, 294, 300/301.

sein. Denn Politik kann eben erst dort entstehen, wo das fachlich Richtige gesellschaftlich nicht mehr selbstverständlich ist.

Die Politik entsteht, wenn und soweit die gesellschaftliche Selbstorganisation die anstehende Kontingenz nicht mehr abbauen kann. Dann steht die Politik als selbständige Kraft und kritisch der Organisation gegenüber, die damit ihrerseits in eine besonders prekäre Verteidigungslage gerät. Denn die Politik erinnert schon durch ihr bloßes Dasein daran, daß gesellschaftliche Selbstorganisation die Probleme nicht mehr lösen kann – *nec nostri saeculi*. Von hier aus kann sie zwei Grundfragen gesellschaftlicher Organisation – Zugehörigkeit und Nutzenteilung – neu stellen und neu beantworten. Carl Schmitt hat das Problem der politischen Zugehörigkeit vergröbernd auf die Frage reduziert, mit wem und gegen wen ich in den Krieg ziehen kann. Daran ist richtig, daß Politik die verletzliche Außenseite der Gesellschaft betrifft. Und historisch gab die jeweils zweckmäßige militärische Organisation in der Tat oft das Muster vor für eine darauf folgende Neuverteilung der politischen Macht:[62] Die Gleichheit war zum Beispiel schon in der attischen Schlachtreihe und später auf der Ruderbank der Triere erlebt worden, bevor sie sich zum politischen Anspruch entfalten konnte. Aber all das gilt nur, weil und solange der Krieg als entscheidende Ausprägung der Kontingenz erfahren wurde. Weil die Politik aber selbst keinen positiv bestimmten Gegenstandsbereich hat, können Umweltzerstörung, Wanderungsbewegungen oder Alterssicherung begrifflich ebenso gut diese Stelle einnehmen. Entsprechend unterschiedlich können dann die Kriterien sein, die über politische Zugehörigkeit entscheiden. Je nachdem schließen sie zum Beispiel die Ahnen, die Beitagleistenden, alle von einer Maßnahme Betroffenen oder auch die künftigen Generationen ein. Aristoteles zeigt, daß selbst das scheinbar so eindeutige Kriterium des Beitrags zur Polisgemeinschaft in sich grundsätzlich offen

[62] Foucault, Society (21. Januar 1976), 47.

ist. Keine Gruppe könne nämlich aus der Eigenart ihres Beitrags (zum Beispiel dem Wehrdienst oder den Leiturgien) einen politischen Vorrang für sich begründen. Denn die Polis diene eben dem sachlich allgemeinen Glück und nicht Einzelzwecken wie Sicherheit oder Wohlstand.[63] Weil die Polis für ihn keine bloße Zweckgemeinschaft ist, verbindet er die politische Zugehörigkeit auch nicht nur mit den in unserem Sinne politischen Tätigkeiten (Regierungsdienst, Wehrdienst), sondern mindestens ebenso sehr mit normativen Beiträgen wie dem Gottesdienst und dem Gerichtsdienst.[64]

Ebenso kann die Politik neu über die Verteilung von Lasten und Nutzen verfügen. Auch diese Entscheidung kann sehr unterschiedlich ausfallen: Gleichheit wird betont, wo es nicht mehr nur auf bereits geleistete,[65] sondern auch aktuelle oder gar künftige Beiträge zur Gemeinschaft ankommt. Wen man erst gewinnen möchte, den wird man nicht diskriminieren. Die Mobilisierung standardisierter Beiträge wirkt ebenfalls in diese Richtung, wenn sie sich in den Augen der Gesellschaft als geeignetes Mittel zur Bewältigung von Kontingenz bewährt hat. Oft geschieht das im Rahmen zweckmäßiger technischer Lösungen. So kommt zum Beispiel die Kampfkraft der Theten erst im Waffensystem der Triere zur Geltung. Dagegen entsteht schroffe politische Ungleichheit, wenn jemand die Gefahr der Kontingenz glaubwürdig auf sich nimmt und darauf einen Herrschaftsanspruch gründet. Das römischrechtliche *casum sentit dominus* meint zwar an sich etwas ganz Anderes, drückt aber incidenter auch den inneren Zusammenhang zwischen Herrschaft und Gefahrtragung aus. I Sam 8 führt diese Bewegung konsequent durch: Das Volk wünscht sich ‚einen König, damit er – wie es sagt – *„unsere Kriege führen"* möge. Er soll also die Unwägbarkeit von Sieg und Niederlage auf sich neh-

---

63 Aristoteles, Politik, 93 (1280a).

64 Aristoteles, Politik, Einleitung Günter Bien, XL.

65 Aristoteles, Politik, 111 (1285b), 196 (1310b).

men; mithin die Gefahr des Krieges tragen.[66] I Sam 8,18 stellt aber klar, daß dieser Wunsch in die Abhängigkeit führen muß. Das Buch Samuel nimmt damit eine entscheidende Aporie der neuzeitlichen Staatslehre vorweg: Eine Gesellschaft kann diese Art von Macht zwar legitimieren und vielleicht auch lenken. Sie kann sie aber nicht beseitigen, solange sie nicht bereit ist, die Gefahr selbst zu tragen.

Die Politik operiert dort, wo die vertraute Verständigungsordnung nicht gilt. Daraus ergeben sich zwei letzte Merkmale: Zum einen verläßt sich die Politik gern (und zuweilen bis zur Utopie) auf kausale Steuerung – auf das, was ich scheinbar von mir aus einseitig und rasch erzwingen kann. Machiavelli[67] sieht darin den entscheidenden Vorteil der Gewalt. Die innere Verbindung zwischen Politik und Gewalt scheint hier ihren Ursprung zu haben. Zum anderen hat die Politik stets den Charakter einer Unternehmung. Ihr geht es nicht darum, bestehende Beziehungen durch laufende Verständigung zu nutzen und zu pflegen – das tut die Organisation. Die Politik will immer nur die jeweils nächste Kontingenz finden und bewältigen und das erfährt sie als eine Reihe je für sich abgeschlossener (und danach nicht mehr aktueller) Debatten oder Projekte. Wer einen größeren Zusammenhang zwischen ihnen herstellen wollte, würde damit die spezifische Zeitbeziehung der Politik (den kurzen Gang der Handlung) in Frage stellen.

---

[66] Nach Diamond, Vengeance, 74 (77) sprechen die Beteiligten einer Blutrache in Neuguinea von "the owner of the fight".

[67] Principe, XVII, 98.

b. Tragödie

Das politische Handeln schafft sich eine so grundsätzliche Distanz zu den sonst üblichen Normen und Zeitbeziehungen seiner Gesellschaft, daß man fast fragen könnte, in welchem Sinn es doch die Selben sind, die heute in der *Chora* das Feld düngen und morgen auf der *Pnyx* über Krieg und Frieden entscheiden. Tatsächlich sagt Aristoteles, die Bürger übernähmen politische Funktionen und schieden aus ihnen aus, „*als wären sie andere geworden*".[68] Die Tragödie löst dieses Problem. Sie macht den sperrigen Begriff der Handlung zum Gegenstand eines Rituals. Als Ritual erlaubt sie der Gesellschaft, sich den Begriff der Handlung förmlich anzueignen, ohne ihre Verständigungsordnung dadurch zu beschädigen. Man könnte also sagen, die Tragödie verzehre die Handlung. Furcht und Mitleid wären dann gleichsam die Energien, die dabei freigesetzt und damit unschädlich werden. Das kann nur gelingen, weil die Tragödie die Handlung spielend aus der Welt des Politischen herausnimmt und in die Welt des Normativen hereinbringt. Die Welt des Normativen ist der Gesellschaft (hier: dem Publikum) vertraut, aber der Handlung fremd. Die Handlung war ja gerade entstanden, um Probleme außerhalb des Normativen zu lösen. In kunstvoller Umkehrung stellt also die Tragödie die Handlung genau auf den bedrohten, leicht verlorenen Posten, den sonst in der Welt des Politischen die traditionell organisierte Gesellschaft mit ihrem Normenbestand halten muß. In der Tragödie führt die normative Ordnung vor, daß die Handlung zwar in sich bodenlos ist und für den Moment aus dem Rahmen fällt, aber dem Ordnungscharakter der Welt insgesamt nichts anhaben kann. Drei Überlegungen sollen das noch deutlicher machen:

Die Tragödie zeigt, daß die wirkliche Bedeutung meiner Handlungen nicht in meiner Hand liegt. Die ersten Glieder der Kausalkette

---

[68] Politik, 33 (1261b).

kann ich vielleicht noch fügen, aber auf lange Sicht bin ich selbst nur das Werkzeug eines Plans, der immer schon meinen Untergang vorsieht. Nur weil ich das nicht weiß, setze ich – „*gewissenlos*"[69], wie Heidegger sagt – Handlungen in die Welt, deren Myriaden von Folgen ich nicht einmal umrißhaft überblicken kann. Es entstehen also zwei Differenzen: Einerseits will ich mehr ausrichten als ich kann. Andererseits richte ich damit mehr an als ich weiß. Wer handelt, nimmt in dieser Sicht einen grundlosen – vielleicht sogar schuldhaften – Sondervorteil für sich in Anspruch (*hybris*), der einen normativen Ausgleich verlangt (*nemesis*). Dieser Ausgleich verweist die Handlung in die Schranken ihrer eigentlichen Zeitbeziehung. Die Handlung mag für den Moment noch hingehen, kann aber die Dauer des normativen Programms nicht berühren.

Die tragisch sichere Aussicht auf den normativen Ausgleich erlaubt es schließlich, die Handlung nicht mehr als Gefahr dauernder Umbrüche und unwiederbringlicher Ordnungsverluste zu fürchten. Sie erscheint vielmehr als innere Bestimmung des menschlichen Lebens, die man erwarten, vollziehen und verarbeiten kann – und zwar obwohl sie immer neue und unerhörte Inhalte annehmen wird.

Im homerischen Mythos ist der adelige Held selbstverständliches Subjekt des Handelns. Weil er mit den Göttern durch Verständigung (und zuweilen auch Verwandtschaft) eng verbunden ist, kann er die unvermeidliche Kontingenz von Krieg und Reise zumindest teilweise zu seinen Gunsten abbauen. Das demokratische Athen ist in zweierlei Hinsicht in einer ganz anderen Lage: Dort will ein Kollektiv die alte Position des individuellen Handelns übernehmen. Es soll also ein originär gemeinsames Handeln entstehen, das nicht mehr einem adeligen Patron, sondern unmittelbar dem Bürgerverband selbst zugerechnet wird. Und dieses Handeln soll im politischen Raum stattfinden, also dort, wo religiöse oder sonst normative Verständigung von

[69] Heidegger, Sein und Zeit, 288.

vorneherein nicht mehr hilft. Der Gedanke des gemeinsamen Handelns belädt den Handlungsbegriff aber mit zusätzlichen Aporien: Ist zum Beispiel der gemeinsame Wille, der einer solchen Handlung ja wohl zugrunde liegen muß, mehr als ein begriffliches Konstrukt? Und wie stünde er dann zum Willen der Einzelnen? Diese Fragen muten zunächst modern und damit in diesem Zusammenhang anachronistisch an. Aber schon Solon hat erkannt, daß individuelle Klugheit vor kollektiver Dummheit nicht schützt.[70]

Daß in Athen solche Fragen nicht störend im Wege liegen, könnte mit der Tragödie zu tun haben. Falls Nietzsche mit seiner berüchtigten Schrift zur Geburt der Tragödie[71] in diesem Zusammenhang auch nur ein Körnchen Wahrheit gefunden hat, hängt sie nämlich entstehungsgeschichtlich mit Ritualen zusammen, die ein Auseinanderfallen und Zusammenfügen vollziehen – ganz wie die Osiris/Dummuzi-Geschichte. Vom Standpunkt solcher Rituale aus gesehen sind Individualität und Kollektiv bloß vorläufige Marken auf einer gleitenden Skala, die vom Tod (der die Einzelheit besiegelt[72]) bis zum extatischen Leben reicht (das aus der Einzelheit löst). Vielleicht meint die Formel von Furcht und Mitleid nur das Nacherleben dieses Kontinuums. Denn die Furcht verschließt[73] mich ja in meine Einzelheit und im Mitleid nehme ich Anteil am Leben anderer. Dabei meinen die griechischen Begriffe *phobos* und *eleos* übrigens viel stärkere und sichtbarere Regungen als es Lessings Übersetzung erkennen läßt.[74] Auf jeden Fall wird das innere Kontinuum vom Einzelnen zur Gruppe sichtbar im Unterschied zwischen Darsteller und Chor. Was könnte das Problem des gemeinsamen Handelns aber besser bewälti-

70 Meier, Kultur, 273, 300.
71 Basic Writings, 73f.
72 Heidegger, Sein und Zeit, 263.
73 Heidegger, Sein und Zeit, 141.
74 Fuhrmann, Dichtungstheorie, 92f.

gen als ein Ritual, das selbst die Individualität als bloß augenblicklichen Zustand eines wandelbaren Seins enthüllt?

Das politische Handeln vollzieht sich unter Fremden in dem Sinne, daß es Kräfte betrifft, für die meine Verständigungsordnung nicht gilt. Oben wurde gezeigt, daß dieses Handeln wie unter Fremden auch auf die eigene Gesellschaft zurückschlagen kann – nämlich dann, wenn es neue Distanzen in ihr schafft. Die Oedipus-Tragödie verarbeitet genau dieses Problem. Ihr Thema ist nicht einfach ein allgemeines Übermaß an Kommunikation, wie Claude Lévy-Strauss vorgeschlagen hat. Vielmehr geht es darum, daß Oedipus unterschiedslos mit allen umgeht, als seien sie Fremde. Oedipus sieht nicht die Näheverhältnisse, die für ihn verbindlich sind. Der Unrechtsgehalt seiner Taten liegt ja im Kern darin, daß der Mann, den er tötet, sein Vater und die Frau, die er heiratet, seine Mutter ist. Weil er die maßgeblichen Näheverhältnisse nicht erkennt, macht er auch vor den Grenzen der für ihn geltenden Zeitbeziehung nicht halt. Seine Antwort auf das Rätsel der Sphinx stellt die Lebensalter des Menschen gleichsam räumlich nebeneinander. Damit nimmt er aber den Standpunkt der Dauer ein, der dem Menschen jedenfalls nach antiker Vorstellung nicht zusteht. Die Aufgabe des Oedipus wäre es gewesen, die Möglichkeiten seiner eigenen Lebensalter nacheinander abzuarbeiten, statt die Fülle der Zeit vorwegnehmen zu wollen. So ist es folgerichtig, wenn Oedipus sich am Ende blendet. Einerseits verliert er damit auch äußerlich die Möglichkeit, Nahes und Fernes sicher voneinander zu unterscheiden. Aber andererseits – und erst hier liegt der normative Ausgleich – nimmt er sich die Macht, Menschen anzublicken und damit zu objektivieren, als seien sie gleichgültige Gegenstände im Raum.

Insgesamt gibt die Tragödie der athenischen Gesellschaft also einen bitter nötigen Halt: Ihre Politik kann sich Übermut, Massenwahn und Entfremdung leisten, weil und solange genau diese Elemente tragisch aufgehoben werden.

III. Das Wachstum der Kontingenz und seine Bewältigung

Wenn die Kontingenz in unserem Leben spürbar größer geworden ist, sagen wir, die Welt habe sich eben verändert. Hier wirkt die alte Neigung nach, alles, was mir widerfährt auf ein anderes Subjekt (und sei es die Welt) zurückzuführen, mit dem ich mich vielleicht verständigen kann. Die ausgerechnet mich treffende Kontingenz (*tyche*) erscheint in dieser Sicht als Sonderopfer, das Zurechnung und Ausgleich verlangt. Diese Sicht blendet den Anteil, den wir selbst am Wachstum der Kontingenz haben, vollkommen aus und hat darin einen fast tragischen Zug. Tatsächlich wächst die Kontingenz mit, wenn wir immer größere Mengen an Zeit, Raum, Energie und Verständigung in unser Leben bringen. Lebenserwartung, Bevölkerungsdichte, Verkehr und Schriftmenge steigen an und vergrößern damit die Angriffsfläche all dessen, was für mein Leben relevant sein kann. Ich habe dann nicht bloß mehr zu verlieren. Auch der Horizont, den ich nach meinen Chancen und meinen Risiken absuchen muß, hat sich geweitet. Mag sein, daß der Mensch jede Möglichkeit, sein Leben quantitativ zu steigern in aller Regel auch nutzen wird. Aber vielleicht denken wir das auch nur, weil wir die Geistesgeschichte eines 19. Jahrhunderts hinter uns haben. Sicherer scheint zu sein, daß alte Gesellschaftsordnungen die rein quantitative Steigerung des Lebens noch wirksam begrenzen konnten und daß solche Grenzen in den meisten bekannten Gesellschaften durch greifbare historische Abläufe weggefallen sind. An der Klientelgesellschaft hatten wir schon gesehen, daß sie aus einer geringen Zahl von Verständigungsbeziehungen dennoch große Organisationskraft entfalten kann, weil jede von ihnen den Beteiligten grundsätzlich totalen Schutz beziehungsweise vorbehaltlose Hilfe gewährleistet. Soweit und solange es funktioniert, kann das Klientelverhältnis konkurrierende Verständigungsverhältnisse verdrängen. Dann kann sich das Leben nicht durch immer neue Beziehungen steigern – und es braucht das in der Regel auch nicht.

Alte Gesellschaftsordnungen leben zwar in einem ganz materiellen Sinne von solchen Grenzen. Sie deuten sie aber selbst niemals als zweckmäßige Bewirtschaftungsmaßnahmen, sondern stets nur als Vollzug der überkommenen Ordnung. Von uns aus gesehen eröffnen aber zum Beispiel clanspezifische Speiseverbote[75] die Möglichkeit, die Nachfrage nach Lebensmitteln sozial zu gliedern und sie zur Not so zu bewirtschaften, daß der Zusammenhalt nicht zu sehr leidet. Ebenso lassen uns gewisse archaische Formeln über das Verhältnis zwischen Lebenden und Toten an die Idee einer angemessenen Bevölkerungszahl denken – so, wenn *„die Toten den Lebenden Überfluß bringen"*[76] oder wenn Menschen, die aus der Unterwelt zurückkehren, dort durch neue Tote zu ersetzen sind.[77] So sorgen alte Gesellschaftsordnungen gleichsam beiläufig dafür, daß das Leben quantitativ nicht das Maß dessen überschreitet, was nach aller Erfahrung an Lebensgrundlagen zur Hand ist. Moses Finley[78] zeigt das plastisch an einigen Grundhaltungen, die noch das antike Wirtschaftsdenken prägen. Cicero sagt, *„copiam declarat satietas"*. Ob dieses Denken in antiken Gesellschaften allgemein geteilt wurde (was immer das in diesem Zusammenhang bedeuten mag) oder ob es

---

75 Lévy-Strauss, Das Wilde Denken, 134.
76 Levy-Strauss, Das Wilde Denken, 46.
77 Kramer, Sumerians, 134, 147, 151, 155.
78 Ancient Economy.

eher zum besonderen Stil der quellenprägenden Elite gehört, tut hier wenig zur Sache.[79]

Historisch können diese Grenzen entweder einem neuen Begriff der Arbeit oder schlicht dem Beute- und Eroberungskrieg zum Opfer fallen. Aristoteles[80] faßt übrigens Arbeit und Krieg in der Tat zusammen mit Jagd, Handel und Kreditwesen unter den Oberbegriff der Erwerbskünste. Die Arbeit erhält eine neue Potenz, wenn sie nicht mehr eine gegebene Lebensform einfach verstetigen soll, sondern einem beweglichen Ziel dient – sei es die Überbrückung einer bloß schätzbaren Zahl magerer Jahre, die Versorgung einer wachsenden Bevölkerung oder die Steigerung ihres Lebensstandards. Die Arbeit leistet dann das spiegelbildliche Gegenteil der oben angedeuteten Grenzen. Es sind nicht mehr die Bedarfe, die sich nach den Ressourcen richten, sondern umgekehrt werden die Ressourcen so bewirtschaftet, daß sie die gerade anliegenden Bedarfe decken können. Schon die Physiokraten haben gesehen, daß diese Bewegung keine natürliche Grenze hat: Denn zum einen werde außer dem Grundvermögen über kurz oder lang ja doch alles verzehrt – die Arbeit könne also nur vorläufiges und erratisches Wachstum hervorbringen. Und zum anderen sei jeder laufend gezwungen, das Wachstum mit anzutreiben, schon damit das eigene Produkt im (seinerseits wachsenden) Gitter der Wertrelationen nicht zurückfällt. Es zeigt sich, daß dieser neue Begriff der Arbeit auch selbst eine starke Quelle der Kontingenz ist.

Der Krieg ist so sehr Treiber und Beschleuniger der Kontingenz, daß er in manchen Zeiten geradezu ihr Symbol geworden ist. Außerdem scheint diese Kontingenzquelle von vorneherein ins Politische zu drängen – ganz anders als die Arbeit, die eher zur Organisation neigt. Die Erinnerung an die Möglichkeit gewaltsamer Zusammen-

---

[79] Zur Diskussion etwa Snell, Life, 145.

[80] Politik, 16 (1256b), 24 (1258b).

stöße gehört zum Ursprung unserer Vorstellungen über den Gefahr-, Ereignis- und Leidcharakter des Lebens überhaupt. Am sinnfälligsten wird das vielleicht durch sehr alte Kulturformationen, in denen wir uns trotzdem sofort wiedererkennen. Der gekoppelte Gürtel ist von der frühen Bronzezeit bis zu den Evzonen des heutigen griechischen Heeres immer wieder Symbol für einen strapaziösen, risikofreudigen, zupackenden Lebensstil.[81] Auch die Schwierigkeiten, die der gewaltbereite Abenteurer Gilgamesch mit dem vorsichtigen Rat seiner Stadt hat,[82] führen eine jederzeit aktuelle Alternative vor Augen: Will man handelnd Ereignisse freisetzen oder sie lieber rituell abbauen?

Wir hatten gesehen, wie Transzendenz und Handeln helfen, wenn man es mit kontingenten Ereignissen zu tun hat. Das Wachstum der Kontingenz ist eine ganz andere Erscheinung. Was mir dabei im einzelnen geschieht, folgt zwar immer noch keinem erkennbaren Programm. Aber das Kontingente nimmt einen immer größeren Teil meines Lebens ein – und das erfahre ich auch, soweit mein Leben sich seinerseits quantitativ (also nach Länge und Breite) steigert. Zwar führe ich objektiv ein Leben, das materiell weitaus versorgter und auch sicherer ist als das der Generationen vor mir. Aber ich bin insgesamt von immer mehr Umständen abhängig. Immer weniger davon sind dauerhaft oder weisen untereinander erkennbare Zusammenhänge auf. Und immer weniger davon kann ich mir durch Verständigung beschaffen.

Das ist der Hintergrund, vor dem Blaise Pascal sich der Gnadentheologie und der Wahrscheinlichkeitsrechnung zuwendet.[83] Von hier aus verwandelt er die moderne Verwirrung aus äußerer Hilflo-

---

[81] Andrew Sherratt, in: Cunliffe, Prehistoric Europe, 244 (251).

[82] Gilgamesh III, 22f.

[83] Attali, Pascal, 169f.

sigkeit und innerer Distanz zum unvergesslichen Bild vom Menschen als „*roseau pensant*".[84]

Das Wachstum der Kontingenz kann man zwar seinerseits als Ablauf eines dauernden Programms deuten – die Geschichtsphilosophie des 19. Jahrhunderts bringt solche Denkfiguren hervor. Hier geht es aber darum, daß Gesellschaften auf spürbar wachsende Kontingenz ganz anders reagieren als auf das kontingente Einzelereignis. Die einschlägigen Formationen sind die *Organisation* und der neuzeitliche *Staat*. Beide Figuren gehen auf die Erfahrung zurück, daß die bislang geltende Natur- und Gesellschaftsordnung allein das gewünschte Auskommen nicht mehr und mit der Zeit immer weniger gewährleisten kann. Angesichts dessen sollen Organisation und Staat das Leben des Menschen einfach verstetigen, das heißt: dauerhaft machen. Also stoßen sie unvermeidlich zusammen mit Vorstellungen, nach denen das Leben (auch das der Politik) am Ende zu einem Ziel und damit zum Stehen kommen muß. Diese Position wurde früher vom Reichsgedanken des Mittelalters und wird heute von den Utopien und Programmen der Moderne besetzt.

Eine weitere Gemeinsamkeit von Organisation und Staat liegt darin, daß beide das Handeln – also das riskante Sich-Einlassen auf die Kontingenz – systematisch distanzieren. Das Handeln bekommt ja bestenfalls nur das Ereignis und nicht den Gesamtablauf in den Griff. Deshalb bildet die Organisation ein dauerhaftes Programm, das Handlungsspielräume weitgehend ausscheidet. Und der neuzeitliche Staat erscheint seinen Angehörigen als Handeln eines Anderen, der in keinem Verbandsverhältnis zu ihnen steht.

Diese Distanzierung ist verbunden mit einem dritten Punkt: Die Antike sucht noch stets nach Möglichkeiten, durch Verständigung an eine geltende normative Ordnung anzuschließen. Deshalb stellt sie immer ursprünglich die Zurechnungsfrage; zum Beispiel: *Wer* soll

---

[84] Pascal. Pensées, Fragment 186.

regieren? Diese Frage ist so zentral für das politische Denken der Antike, daß sie bekanntlich ihre Staatsformenlehre gliedert. Weil Organisation und Staat sich aber auf Ordnung und Handlung nicht verlassen wollen, hat die Zurechnungsfrage für sie keine selbständige Bedeutung. Der für sie maßgebliche Standpunkt ist ja nicht der des Handelnden, sondern der des begünstigten Dritten. Also kommt es ihnen nur darauf an, *wie* gewirtschaftet oder regiert wird – die Vorstellungen von „*guter Policey*" und guter Regierungsführung („*good governance*") haben hier ihren Ursprung. Abhängig davon werden dann Zurechnungsregeln einfach nach Zweckmäßigkeit improvisiert, und zwar in dem Maß, in dem die gesellschaftliche Selbstorganisation zurücktritt. Die Zurechnung soll dann nicht in erster Linie jemandem Bestimmten zugutekommen, sondern nur allgemein für die gewünschte Qualität des Funktionierens sorgen. Wer dafür sorgt, ist im strengen Sinne sekundär. Das gilt übrigens weitgehend unabhängig davon, wie gut Organisation oder Staat tatsächlich funktionieren. Denn ihr Ort und ihr Umfang zeigen ja genau den Bestand der Probleme an, die durch gesellschaftliche Selbstorganisation allein nicht mehr zu lösen sind. Insoweit kann die Gesellschaft nicht mehr einfach die Funktionen übernehmen, die Organisation oder Staat derzeit schlecht erfüllen. Die passende Sanktion für schlechtes Regieren ist dann nicht der Selbsteintritt, sondern nur noch die nachträgliche *damnatio memoriae.*[85]

Die Zurechnung wechselt also ihre Funktion. Sie dient nicht mehr wie in der Antike der Verteilung von Risiken, sondern der direkten Verhaltenssteuerung in der Organisation (Disziplin) oder der Distanzierung der Politik, wie sie für den neuzeitlichen Staat typisch ist.

[85] Christ, Geschichte, 426, 540.

1. Organisation

Die Organisation bringt Zu- und Abflüsse miteinander in Verbindung. Ihre Tätigkeit hat damit stets den Charakter der Bewirtschaftung. Sie ist das dauernde Programm, das den Kreislauf von Hervorbringung und Verzehr regelnd in Betrieb hält. Der typische Schritt dieses Programms ist die Anpassung, sei es durch Steigerung der Produktion, weil mehr gebraucht wird (zum Beispiel ein Überschuß) – oder durch Minderung des Verbrauchs, weil weniger zur Verfügung steht. Organisationen absorbieren Kontingenz, weil sie solche Anpassungen nicht einfach geschehen lassen, sondern aus eigener Kraft berechenbar machen und zur Not erzwingen – eben: organisieren. Im Anschluß an Niklas Luhmann[86] könnte man sagen, Organisationen erlauben es, die Zukunft zu beobachten. Eine Mißernte ist aus organisatorischer Sicht nicht so sehr ein diskretes Ereignis, sondern tatbestandlicher Teil eines immer schon vorgehaltenen Programms. Man könnte vielleicht noch weiter gehen und meinen, Organisationen verliehen auch Handlungen oder Kommunikationsakten eine Tatbestandswirkung, die sie maßgeblich für andere Handlungen und Kommunikationsakte macht.[87] Das ist nur richtig, wenn man mitbedenkt, daß Organisationen den Handlungs- und Verständigungscharakter menschlichen Verhaltens genauso erodieren wie den Ereignischarakter einer momentanen Erscheinung.[88] Das geschieht in beiden Fällen einfach durch zeitliche Streckung. Was immer über eine Zeitspanne beobachtet wird, die länger reicht als jede mögliche Verständigung, ist schon damit nicht mehr Handlung oder Ereignis. Organisationen sind aber genau für solche Zeitspannen gemacht. Anders als der jeweils endliche Austausch der Verständigung

---

[86] Politik, 356, Fn. 73.
[87] Luhmann, Politik, 44.
[88] Hier zeigt die Organistion ihre Verwandtschaft mit dem Ritual.

und der kurze Gang der Handlung haben sie daher die Zeitbeziehung der Dauer. Von hier aus nivellieren sie vergängliche Handlungen und Ereignisse zu bloßen Programmschritten. Ganz ähnlich wie das Ritual trägt die Organisation damit zur Verstetigung des Lebens bei.

Soweit eine Organisation die materiellen Voraussetzungen der jeweils als Norm empfundenen Lebensweise bewirtschaftet, begründet sie für ihre Angehörigen eine Abhängigkeit, die so fundamental ist, daß sie ihr nur als Auswanderer, als Waldläufer oder durch den Tod entgehen können. So kann man das historische Ausgreifen Europas nach Amerika auch als Versuch deuten, die offenen materiellen Ausgangsbedingungen wiederzugewinnen, die im Mittelalter den europäischen Sonderweg erst ermöglicht hatten.[89] Dazu gehören faktisch und symbolisch freie Nutzflächen, die weitgehend noch durch Selbstorganisation bewirtschaftet werden können. Dagegen wissen komplexe Gesellschaften sehr genau, daß sie ein Leben führen, das naturräumliche oder gemeindewirtschaftliche Bedingungen allein bei weitem nicht hergeben würden – daß es vielmehr erst organisatorisch hervorgebracht und laufend durch Apparate betrieben werden muß. Erst in der organisierten Gesellschaft erscheint Armut begrifflich als Mangel an Zugang statt als Mangel an Ressourcen. Dieses Bewußtsein wirkt unvermeidlich auf das Menschenbild zurück.[90] Das heiter resignierte Schöpfungsbild der Sumerer bringt diese Wirkung auf den Punkt. Danach haben die Götter die Menschen nur erschaffen, um sich von ihnen bedienen zu lassen.[91] Dazu haben sie ihnen Hacke, Pflug und Korb gegeben[92] und für Arbeitsorganisation und Bewässerung gesorgt.[93] Diese Vorstellung ist doppelt aufschlußreich, weil sie nicht nur Abhängigkeit darstellt, sondern auch die spezifische Art,

[89] Jones, Wunder, 80f.
[90] Die harte Sprache Witfogels hat diesen Gedanken vielleicht allzu sehr diskreditiert.
[91] Kramer, Sumerians, 123, 135. Dagegen: Apg. 17, 25.
[92] Kramer, Sumerians, 145.
[93] Kramer, Sumerians, 121, 173.

wie Organisationen Menschen für sich in Anspruch nehmen. Michel Foucault nennt diesen Modus treffend Disziplin.[94] Anders als die normative Verpflichtung gibt die Disziplin sich nicht damit zufrieden, daß das Geltende aus Respekt, Einsicht oder Gewohnheit geachtet wird. Vielmehr verlangt sie einen fraglosen, mobilisierenden Gehorsam, der die stets mitlaufenden menschlichen Motive und spontanen Impulse immer mißtrauisch beobachtet („Überwachen und Strafen"). Die Forderung der Disziplin, sich selbst zum Gegenüber zu machen, läßt sie historisch zum entscheidenden Antrieb für die Ausbildung der neuzeitlichen Subjektivität werden. Hegel[95] hat deren Bedeutung für die Gestalt des modernen Staates herausgestellt. Und Heidegger,[96] dessen existentialistisch gedachter „Ruf des Gewissens" übrigens bis ins Detail den Forderungen der Disziplin entspricht, bildet da vielleicht einen vorläufigen Endpunkt. In Wahrheit geht es hier um die richtige Einsicht, daß Pflichten ihren Ursprung auch außerhalb der geltenden normativen Verständigungsordnung haben können – zum Beispiel in der Transzendenz. Ansonsten kann gerade die Unbegreiflichkeit einer Organisation und ihrer Forderungen zum unverkennbaren Merkmal ihrer Autorität werden. Franz Kafka hat das in endgültigen Formen dargestellt.

Anders als die normative Verpflichtung will die Disziplin nicht grundsätzlich von allen das Gleiche, sondern sie differenziert nach bestimmten operativen Einzelaufgaben. Dahinter liegt folgender Unterschied: Die normative Ordnung kann gleichmäßig gelten, solange die gesellschaftliche Selbstorganisation für allfällige Ungleichheiten sorgt, zum Beispiel durch Klientelverhältnisse. Normen erfassen dann zunächst nur den oberen Rand des Klientelsystems, also einen Kreis von Personen, deren gesellschaftlicher Status auch tatsächlich

[94] Sicherheit (18. Januar 1978), 52f.
[95] Rechtsphilosophie, 407 (§260).
[96] Sein und Zeit, 267f.

mehr oder weniger gleich ist. An der Geschichte der Rechts- und Geschäftsfähigkeit kann man das ebenso ablesen wie an der Entwicklung des Würdebegriffs zur allgemeinen Menschenwürde. Wenn die Selbstorganisation (im Verhältnis zum Pensum) abnimmt, läßt sie eine Masse an faktischer Ungleichheit ungeregelt zurück. Organisationen können diese Regelungsaufgabe übernehmen – und zwar nicht, indem sie die Ungleichheit beseitigen, sondern indem sie sie umformen und konstruktiv auf ihre Zwecke hin ausrichten. Daher kommt der differenzierende Charakter der Disziplin.

Anders als das Klientelverhältnis bildet die Disziplin auch nicht Verbände, sondern sie vereinzelt Menschen in feste Stellen, für die sie austauschbar sind. So liegt es nahe, daß disziplinarische Ordnungen wie das alte Ägypten oder der europäische Staat der Frühen Neuzeit als territoriale Herrschaft und nicht als Personenverband erscheinen.

Und schließlich setzt die Disziplin weitgehend auf direkte kausale Verhaltenssteuerung, weil Organisationen sich auf eine Verständigung über Sinninhalte ja nicht verlassen wollen, wenn es wirklich darauf ankommt.

Das literarische Bild vom Diensthaus Ägypten, das sich die Israeliten in Thomas Manns „Joseph und seine Brüder" machen, ist wohl das prägnanteste Modell einer organisierten Gesellschaft. Es erinnert auch daran, wie wenig der Organisationsgedanke mit den totalitären Systemen der Moderne zu tun hat. Während die Organisation durch den Kreislauf der Arbeit Dauer herstellen will, sieht sich das Totalitäre immer als entscheidendes Endspiel eines historischen Programms, das möglichst bald an einem utopischen Punkt zum Stehen kommen soll. Schon der im engsten Sinne dramatische Auftritt totalitärer Systeme stellt klar, daß sich demnächst der Vorhang senken muß. Joachim Fest spricht hier von der „Unfähigkeit, zu überleben".[97] Unterschiedlich ist aber auch die Rolle der Zurechnung. Für die Organisation ist sie bloß ein zweckmäßiger Relais, der Disziplinarverhältnisse vermittelt. Dabei ist es im Grunde gleichgültig, wer den Relais bedient. Im totalitären System ist die Zurechnung dagegen der große Entlastungsakt, nach dem andere – zuletzt die ferne, aber überaus sichtbare Führerfigur – in einem umfassenden Sinne die Gefahr für mich tragen.

Ein sumerisches Beispiel zeigt, wie der Organisationsgedanke zum gängigen Element auch des politischen Diskurses werden kann. In der Geschichte von Gilgamesch und Agga schlägt Gilgamesch erst den Ältesten und dann den einfachen Bürgern von Erech vor, auf Aggas Ultimatum nicht einzugehen, sondern gegen ihn zu kämpfen. Die Anträge des Gilgamesch und der Beschluß der Ältesten lauten jeweils in den ersten drei Versen gleich:[98]

„Damit die Brunnen fertig werden, alle Brunnen des Landes/Damit die Brunnen fertig werden, die kleinen Schalen des Landes/Um die Brunnen zu graben, damit die Befestigungsseile fertig werden ..."

Es folgen jeweils entweder der Beschlußvorschlag oder der Beschluß selbst, der den Vorschlag wörtlich aufgreift, um ihn zu verneinen. Es liegt nicht fern anzunehmen, daß die eben zitierten Verse eine feststehende Antrags- und Beschlußformel darstellen, die den Zweck des Gemeinwesens vor jeder wichtigen Entscheidung noch einmal einschärfen soll. Die Motive der Wasserversorgung, der Rationierung von Nahrungsmitteln („die kleinen Schalen"[99]) und vor allem der Sollzustand einer „fertigen" (also doch wohl bedarfsgerechten) Infrastruktur im ganzen Land unterstreichen den organisatorischen Cha-

---

[97] Hitler, 1059.
[98] Eigene tentative Übersetzung nach Kramer, Sumerians, 187f.
[99] Snell, Life, 19.

rakter dieses Zwecks. Er ist der dauernde Maßstab für das Kommen und Gehen der politischen Handlung. Jeder Antrag und jeder Beschluß muß sich an den grundlegenden Zwängen von Bewässerung und Versorgung messen lassen. Daß die zitierten Verse Wiederholung, Brechung, Steigerung und Umkehrung durchweg virtuos einsetzen, ist sogar noch in ungesicherten Übersetzungen ganz offensichtlich und für die sumerische Literatur insgesamt typisch. Deshalb genügt es hier, nur im Vorbeigehen darauf hinzuweisen.

Sonst spielt der Organisationsgedanke oft die Rolle eines utopischen Auswegs aus den Fährnissen der Politik. Platos[100] Bild vom Staatsmann als Weber, der Menschen wie Fäden zweckmäßig zusammenfügen und trennen kann, steht für eine Tradition, die über die frühneuzeitlichen Utopien bis in die Gegenwart reicht. Durchweg geht es hier um den Gedanken, die riskante Handlung durch eine fachliche begründete, zweckmäßige Gesamtsteuerung zu ersetzen. Bisher sind diese Modelle daran gescheitert, daß sie das Politische nur geistig ausblenden, ohne es faktisch beseitigen zu können. Die faktische Gestalt des Politischen ist seit Beginn der Neuzeit der Staat.

2. Staat

Der neuzeitliche Staat ist Ausdruck einer Gesellschaft, in der viele Funktionsbereiche sich jeweils verselbständigen.[101] Das ist am ehesten durch Unterscheidung von der antiken Polis zu verstehen. Sie kennt ja höchstens die Differenzierung zwischen dem Haus, das lange auch die einzig denkbare Wirtschaftseinheit bleibt und der normativ unterfangenen Politik, die das Öffentliche erst konstituiert und damit auch restlos ausfüllt. Beide Sphären nehmen die Person grund-

[100] Collected Dialogues, 1018 (1045, 279b und 1077, 305e).
[101] Luhmann, Systeme, 425.

sätzlich ganz in Anspruch. Wo Rollenwechsel zwischen Haus und Politik unvermeidlich werden, deckt die Tragödie sie rituell wieder zu. Daß bestimmte Funktionen trotzdem eine innere Tendenz dazu haben, sich gegenüber dem politischen Bürgerverband selbständig zu machen, hat schon Plato[102] gesehen. Aber erst in der europäischen Neuzeit schält sich die Religion aus der Öffentlichkeit, die Zivilgesellschaft aus der Politik und die Wirtschaft aus dem Haus heraus. Diese Trennungen sorgen dafür, daß die Kontingenz nicht erst am äußeren Rand meiner Gesellschaft, sondern schon an den Grenzen des Funktionsbereichs beginnt, in dem ich mich gerade befinde. Das prägt unvermeidlich die Art, in der ich versuche, Erscheinungen der Welt zu begreifen: Ich frage nicht mehr, was sie für mich bedeuten, sondern wie ich sie mir verschaffen kann – selbst, einseitig und aus eigener Kraft (generativer Erkenntnisbegriff[103]). Das führt zum typisch modernen Zwang erst systematisch herleiten zu müssen, was der altmodische Alltagsverstand eigentlich schon längst weiß.[104] Muß uns zum Beispiel die Ökonomie darüber belehren, daß das Recht Vertrauen und Zusammenhalt ermöglicht, indem es vor Absahnern schützt („öffentliche Güter"), daß Institutionen mir Orientierungsaufwand abnehmen („Transaktionskosten-theorie"), und daß sich mein sozialer Status nicht aus absoluten Daten, sondern dem Verhältnis zum Status Anderer ergibt („Positionsgüter")? Die inhaltlich-normative Verständigung darüber genügt offenbar nicht mehr, um objektive Geltung („Wahrheit") zu verbürgen. Denn inhaltliche Verständigung würde ja voraussetzen, daß alle Beteiligten die selbe Norm zugrunde legen – und genau das kann man seit Beginn der Neuzeit immer seltener unterstellen. Deshalb wird Wahrheit insoweit nicht mehr inhaltlich, sondern formal, durch die Einhaltung von Ver-

---

[102] Collected Dialogues, 1018 (1032, 267e und 1045, 279a).
[103] Kersting, Hobbes, 49.
[104] Pascal, Pensees, Fragment 578; Heidegger, Sein und Zeit, 206.

fahren („Methode") gewährleistet. Die Methode ist dabei einfach die Art, auf die jeder sich die gedachte Erscheinung aus eigener Kraft beschaffen kann – und zwar ohne sich selbst dazu ändern zu müssen (Askese[105]). Wahrheit wird hier also als Verkehrsfähigkeit bestimmt. Die darin liegende Verarmung räumt die Wissenschaftstheorie im Grunde selbst ein, indem sie auf das Kriterium der Widerlegbarkeit abstellt.[106]

Überhaupt kann es zwischen den einzelnen verselbständigten Funktionsbereichen grundsätzlich nur noch formale Verknüpfungen geben. Das bedeutet zweierlei: Zum einen handelt in Funktionssystemen stets ein Anderer für mich. Zum anderen muß ich davon ausgehen, daß dieser Andere mir in einem förmlichen Sinne entspricht (sonst gäbe es ja keine Verkehrsfähigkeit). Tocqueville[107] hat treffend beschrieben, wie dieser zunächst nur formale Gleichheitsgedanke zu allgemeinem Mißtrauen führen kann, weil ich meine eigenen Motive grundsätzlich auch jedem Anderen zutrauen muß.

Der neuzeitliche Staat bildet seine Merkmale nicht aus sich heraus, sondern jeweils im Hinblick auf andere Funktionsbereiche. Das wird deutlich an drei negativen und drei positiven Bestimmungen. In der Neuzeit unternehmen es die Menschen sich die Dauer anzueignen, die ursprünglich nur für Normen gedacht war. Das mündet unter anderem im Versuch, einen bestimmten äußeren Lebensstandard für immer mehr Menschen zu verstetigen – die Sache wurde schon als quantitative Steigerung des Lebens berührt. Diese Verstetigung kann nur gelingen, wenn auch der Staat verstetigt ist (wie es sein Name ja schon verspricht). Dazu muß er seine eschatologische Perspektive verlieren. Der Staat der Neuzeit will *nicht mehr zum Ende kommen*,

[105] Foucault, Hermeneutics (3. Februar 1982), 190.
[106] Popper, Offene Gesellschaft, Band II, 20.
[107] Democratie, Band II, 17.

sondern sieht sich als grundsätzlich endlosen – und damit säkular-profanen – Betrieb.

Im Staatsleben handelt jeweils ein Anderer für mich, um mich für andere Funktionsbereiche freizustellen. Dazu muß ich aber sicher sein, daß es wirklich ein abgesonderter Anderer ist, der im Staat für mich handelt – und nicht etwa mein Nachbar, Gläubiger oder Rivale, der ja nicht besser ist als ich selbst. Im Verhältnis der Bürger zueinander muß die politische *Machtfrage* restlos *ausgeklammert* sein. In vielen Staaten der Frühen Neuzeit übernimmt die Königsmacht die Aufgabe, diese Ausklammerung darzustellen – und zwar umso eindringlicher, je tiefer die alten klientelistischen Traditionen noch verwurzelt sind. Die alte Formel vom *princeps legibus solutus* hat im Grunde diesen Sinn. Es handelt sich gerade nicht darum, daß ein Subjekt sich alle anderen unterwirft. Vielmehr richtet sich die Gesellschaft hier nach einem gedachten Fluchtpunkt (Souveränität), in dem alle Subjektivität verneint und aufgehoben ist – und für den Rechtsnormen folglich nicht gelten können. „*Le roi n'est pas sujet*".

Das berührt schon die dritte negative Bestimmung des Staates – er soll die alten Rechtsnormen und Klientelverhältnisse *zerstören*, um Funktionssystemen Platz zu machen – auch im buchstäblichen Sinne, durch territoriale Herrschaft. Daß auch und gerade im frühneuzeitlichen Staat noch Schutz gegen Hilfe getauscht wird, steht dem nicht entgegen. Denn hier handelt es sich trotzdem um ganz neue Verhältnisse. Ob es mir gelingt, vom König ein Amt zu kaufen, hängt nicht so sehr von meiner Person, sondern eher davon ab, ob ich zahlen kann. Und kein Klientelverhältnis erspart es mir, mich gleichzeitig mit noch weiteren Funktionsbereichen auseinanderzusetzen. Selbst der Staat kann mir nur noch politische Protektion gewähren, nicht mehr.

Der Staat hat in seiner kurzen Geschichte immer wieder versucht, andere Funktionsbereiche in den Griff zu bekommen. Vielleicht ist das daran gescheitert, daß er dazu eine Organisation hätte werden und damit das Politische hätte preisgeben müssen. Dieses Opfer wollte er ganz offenbar nie bringen.

Seit Locke wird der Staat positiv mit dem Schutz des *Eigentums* verbunden. Diese Funktion ist viel dynamischer als sie scheinen mag. Denn ihr Sinn ist gerade nicht die Erhaltung eines dinglichen Bestands und erst recht nicht die Stabilisierung der einmal gegebenen Eigentumsverhältnisse. Vielmehr geht es darum, daß die Wirtschaft frei wird, ihren eigenen Regeln zu folgen. Unter diesem Gesichtspunkt wandeln sich Inhaberstruktur und Inhalt des Eigentumsrechts. Früher stand das Eigentum weitgehend – zum Beispiel als *dominium* – der generationenübergreifend in die Zukunft gedachten Familie zu. Max Weber[108] hat den Ursprung des römischrechtlichen Grundeigentums – fast gesellschaftsrechtlich – als Anteil an einem Verband gedeutet, dem eine größere Gesamtfläche zur gesamten Hand zusteht. In beiden Fällen würde man heute von Verfügungsbeschränkungen sprechen. Denn der heute geltende Eigentumsbegriff meint in der Regel ein individuelles Verfügungsrecht, das ich grundsätzlich ausüben kann, ohne jemanden Anderen zu fragen. Das klingt befreiender als es ist. Denn mit diesem Begriff wird jedes Eigentum grundsätzlich verkehrsfähig und damit vor allem für den nützlich, der sich im Wirtschaftsverkehr bewähren kann. In diesem Sinne ist das moderne Eigentum von vorneherein mindestens ebenso sehr eine ordnungspolitisch wirksame institutionelle Garantie wie ein subjektives Recht.

Viele Aufgaben, die heute der Rechtsnorm zufallen, wurden früher unmittelbar von Menschen durch ihre Klientelverhältnisse erledigt. So würde ein mittelalterlicher Grundherr niemals sagen, er sei

---

[108] Agrargeschichte, 28, 47, 126, Fn. 1. Aus heutiger Sicht ist diese Position wohl eher zweifelhaft.

berechtigt, das Land zu nutzen. Diese Funktion würde er wohl als subaltern empfinden und seinen Pächtern und Knechten zuordnen. Er würde auch nicht einsehen, wie sie überhaupt Gegenstand eines für ihn relevanten Rechts sein kann – alles, was seine Pächter und Knechte angeht, regelt er ja selbst. Vermutlich würde er sagen, er sorge eben für Land und Leute – und damit einen Klientelverband und keine Vermögensmasse meinen. Das Eigentum als streng dingliches Recht, das sich vor allem auf unbeschränkte Nutzung richtet, wird vielleicht erst möglich, wenn Herren, Pächter und Knechte zu Betreibern geworden sind, die jeweils auf eigene Rechnung handeln. Erst dann wird es denkbar, daß jemand sein Eigentum verwirken könnte, weil er es nicht zweckmäßig bewirtschaftet. Auch wenn dieses Argument im Recht noch nicht besonders wirksam geworden ist, zeigt sein beharrliches Auftauchen doch, wie sehr der moderne Eigentumsbegriff für eine objektive Ordnung steht, vor deren Risiken- und Lastenteilung sich auch der Eigentümer nicht dauerhaft schützen kann.

Weniger beachtet ist die Rolle des Staates als Vermögensverwalter. Sie beginnt im 17. Jahrhundert mit der Begebung von *Anleihen* zur Finanzierung öffentlicher Zwecke („*financial revolution*"[109]) und prägt sein Erscheinungsbild unter drei Gesichtspunkten: Erstens motiviert die Anleiheschuld den Staat, seine Ressourcen nicht einfach abzuschöpfen, sondern zu pflegen und sorgfältig zu bewirtschaften – mithin: Züge einer Organisation anzunehmen. Der Rückweg zu den Palastwirtschaften von der Bronzezeit bis zur Spätrenaissance ist damit wenigstens erschwert. Dagegen ist der Weg frei für eine funktionale Integration immer neuer Schichten in den Staat. Am Werde-

[109] Niedrigverzinsliche Ewigrenten mit ständisch-parlamentarischer Garantie, Reinhard, Geschichte, 321, 324, 329.

gang Etienne Pascals[110] zeigt sich beispielhaft, daß diese Schichten nicht nur als Gläubiger, sondern auch als Beamte und Steuereintreiber des Staates ihr Auskommen finden. Nachdem Etienne Pascal sich darüber empört hatte, daß der Staat die von ihm erworbene Anleihe nicht bedient, sandte Richelieu ihn zur Steuerveranlagung in das eben bezwungene Rouen. Zweitens kann der Staat durch die Anleihe im Kriegsfall schnell mehr Ressourcen für sich mobilisieren als der Gegner – entscheidend in einer Zeit, in der die Kriege immer kürzer und intensiver wurden. Drittens kann der Anleihegläubiger als Rentier leben, ohne dazu Grundherr sein zu müssen. In charakteristischer Weise baut die Anleihe also eine klientelistische Position (die des zinsberechtigten Patrons) mit organisatorischen Mitteln (und damit nur unvollkommen) nach. Sie steht damit sinnfällig für jene typisch bürgerliche Ambivalenz, die der Eigengesetzlichkeit der Funktionsbereiche (zum Beispiel den Konjunkturen der Wirtschaft) zwar Raum geben, aber nicht gegen sich gelten lassen will. Da setzt man lieber auf das feste Einkommen des Rentiers. Oder man gibt das im Massengeschäft verdiente Geld aus um Dinge zu kaufen, die gerade nicht vertretbar sind (zum Beispiel Positionsgüter) oder nicht hergestellt werden können (Grundstücke, Antiquitäten). Soweit dieser Gegensatz überhaupt verständlich ist, hängt er wohl mit dem allgemeinen Zug zur Distanzierung zusammen. In allem, was die Allgemeinheit betrifft, meine ich durchweg das Handeln eines Anderen und nicht mein eigenes Verhalten.[111] Aristoteles[112] führt das schlagend am Beispiel derer vor, die für Despotie eintreten, weil sie sich selbst nicht als betroffen denken. So gesehen ist es bezeichnend, daß der kategorische Imperativ oder der von Rawls verhängte Schleier der Unwissenheit es förmlich verbieten, sich diese Mentalreservation zur

---

110 Attali, Pascal, 67f.
111 Montaigne, Essais I, XXIII (182).
112 Politik, 241 (1324b).

Denkmethode zu machen. Typisch neuzeitlich wollen sie damit auf ethischer Ebene etwas gerade rücken, das sich auf der Ebene des Handelns und Geschehens wohl schon längst gewendet hat.

Die antike Polis verteilt Lasten und Nutzen nach demselben Prinzip. Meine Rechtsstellung ist dort einfach die Kehrseite meines konkreten Anteils am Gemeinwesen. Dieser Gedanke prägt das politische Denken noch bis ins Mittelalter.[113] Erst mit der Distanz des neuzeitlichen Staats von seiner Gesellschaft verliert die Verknüpfung zwischen Beitrag und Nutzen ihre innere Notwendigkeit – sie wird kontingent. Das zeigt sich zunächst daran, daß der Staat von seinen Bürgern heute laufende Beiträge (Steuern, Zölle) verlangt, ohne das durch streng äquivalente Leistungen rechtfertigen zu müssen. Dieser Übergang ist in der Finanzgeschichte[114] gut zu beobachten: Ursprünglich wurden öffentliche Ausgaben jeweils dort gedeckt, wo sie entstanden – *„the king must pay for himself"*. Denn sie waren bloß abhängiges Teilelement einer umfassenderen, unvertretbar-persönlichen Leistung auf das Verbandsverhältnis. Politisches Handeln durfte also nur hilfsweise, vorübergehend und in bestimmten Fällen – bei Krieg oder Notstand – zu zusätzlichen Lasten für andere führen.[115] Im übrigen mußten außerordentliche Beiträge jeweils im Einzelfall durch individualisierte Sondervorteile verdient werden.

Der Staat der Neuzeit kann laufende, „voraussetzungslose" Abgaben erheben, weil er sich aus dem Verbandsverhältnis gelöst hat. Die politische Auseinandersetzung über seine Finanzen betrifft damit nicht mehr so sehr die defensive Begrenzung der Einnahmegründe („Steuerverwilligung"), sondern die aggressive Gestaltung der Ausgabezwecke – Art. 113 Abs. 1 GG ist ein beredtes Zeugnis für den

---

113 Böckenförde, Geschichte, 247.

114 Mommsen, Staatsrecht, 1125; Stolleis, Pecunia, 78, 89, 95, 102, 112, 114.

115 Hier zeigt sich wieder die Tendenz von Klientelsystemen, Probleme früh und eng zu isolieren.

Funktionswandel der Parlamente in dieser Hinsicht. Am Rande kann man hier auch sehen, wie typisch historisch sich der Umschlag zum Finanzstaat vollzogen hat: Was früher als Ausnahme und vorübergehender Notstand behandelt wurde, gilt heute als normale und dauernde Rahmenbedingung, auf die man sein Leben einzurichten hat.

Die Distanzierung des Staats ermöglicht aber nicht nur Beiträge ohne Nutzen, sondern auch Nutzen ohne Beiträge.[116] Im Moment wird diese Trennung überwiegend nur unter fiskalpolitischen Gesichtspunkten wahrgenommen („Subventionsstaat"). Dabei schafft sie – viel grundsätzlicher – eine Lage, die zwei Dinge streng auseinander hält: Den politischen Diskurs und die Vollzugslasten, die sich aus der Politik ergeben. Funktional betrachtet ist das einfach ein Versuch, den Begriff des Handlungsspielraums, ohne den die Politik nicht existieren kann, vor all der Determination zu schützen, die sich unvermeidlich ergibt, wenn es an die Umsetzung über nicht mehr ganz kurze Zeiträume geht. Anders gewendet: Die Politik will in einer Welt verlängerter Zeiträume bestehen, ohne deswegen zur Organisation zu werden. Ein von allen Vollzugslasten befreiter politischer Diskurs ist zugleich einfach und anspruchsvoll. Einfach ist er in dem Sinne, daß er Komplexität nicht verträgt – Carl Schmitt spitzt das auf das akklamatorische Ja oder Nein des Volkes zu.[117] Tatsächlich ist der politische Diskurs aber vielmehr dadurch einfach, daß er unterschiedliche Optionen und Forderungen bloß nebeneinander stellt, statt sie konstruktiv aufeinander zu beziehen. Diese additive Methode eignet sich ja auch viel besser, die Breite eines Handlungsspielraums darzustellen.[118] Anspruchsvoll ist der politische Diskurs, weil sich politische Forderungen angesichts von Vollzugshindernis-

[116] Toqueville, Democratie, Band I, 300/301; Mommsen, Staatsrecht, 1122.
[117] Verfassungslehre, 240f. Vgl. auch Aristoteles, Politik, 190 (1308b) und Foucault, Sicherheit, 389 mit einer frühneuzeitlichen Formel von „Bauch und Meinung".
[118] Luhmann, Politik, 294.

sen nicht mäßigen. Im Gegenteil setzen sie diese Hindernisse geradezu voraus. Jacob Burckhardt[119] hat das auf die epigrammatische Formel gebracht, der Staat solle zwar alles können, aber nichts dürfen. Und Reinhart Koselleck hat die Geschichte dieser Trennung in „Kritik und Krise"[120] geschrieben. Die hohen, bis zur Utopie reichenden Ansprüche des politischen Diskurses gehen aber nicht nur darauf zurück, daß sich aus der Politik eine Zivilgesellschaft herausgelöst hat, die nun unbehindert ihren eigenen Regeln folgen kann. Sondern ein positiver Antrieb kommt hinzu: Der Staat sorgt ja nicht nur für die Verselbständigung der Politik, sondern er stellt repräsentierend auch das politische Ganze der Gesellschaft dar. Die Gesellschaft erfährt das allgemeine Wachstum der Kontingenz also gewissermaßen durch den Staat hindurch. Damit wird der Staat zur selbstverständlichen Projektionsfläche für Furcht und Ehrgeiz seiner Bürger. Diese Stimmungen haben keine natürlichen Grenzen und tragen damit ganz sicher zur besonderen Aggressivität des neuzeitlichen Staates bei. Jacob Burckhardt[121] geht bekanntlich noch weiter und stützt sein apodiktisches Urteil über alle politische Macht auf die Maßlosigkeit der Motive, die ihr seiner Ansicht nach zugrunde liegen.

Der Staat ergibt sich also aus zwei Bewegungen – dem Hang der Bürger, ihr Leben zu verstetigen und der Tendenz der Funktionsbereiche, sich voneinander zu distanzieren, um nur noch den eigenen Regeln folgen zu können. Diese Bewegungen sind so grundlegend, daß sie selbst noch die Opposition zum entstehenden Staat prägen. Tendenzen zur Staatlichkeit im neuzeitlichen Sinne hat es schon im römischen Prinzipat und noch deutlicher im Reich Diokletians gege-

[119] Betrachtungen, 134.
[120] 81f.
[121] Betrachtungen, 36, 97.

ben. So trägt der spätantike Indiktionszyklus[122] schon viele Merkmale eines modernen Finanzplans. Beide Erscheinungen zeigen laufende Aufgaben an, die die Gesellschaft sich von einem distanzierten Anderen erledigen läßt. Vor diesem Hintergrund konnte die pflichtbewußte Skepsis der römischen Stoa über die Zeiten zur geistigen Heimat aller werden, die in einer funktional differenzierten Ordnung keine angemessene Rolle mehr für sich finden. Die hohe geistige Spannung dieser Position geht wohl darauf zurück, daß sie zwar eine normative Weltordnungsidee vertritt, aber die Auseinandersetzung mit der offen kontingenten Gegenwart doch immer wieder führen muß – und Spuren aus diesem Kampf davonträgt. Wer eine politisch relevante Weltordnung zugrunde legt, in der „alles Vernünftige miteinander verwandt" ist, muß so manches Verhalten der funktional ausdifferenzierten Politik für bloße Oberflächenerscheinung halten. Die Pflicht, am Gemeinwesen mitzuwirken bleibt für ihn zwar bestehen. Sie wird aber nicht mehr der Politik geschuldet, wie sie konkret im Alltag erscheint. Damit nimmt der Stoiker aber selbst an der Bewegung teil, die aus der Politik eine relativ selbständige, distanzierte Zivilgesellschaft herauslöst – und damit der Politik ermöglicht, auch ihrerseits nur noch den eigenen Regeln zu folgen. Wider Willen ist er also eine moderne Erscheinung.

Die Stoa denkt sich eine Welt, in der die normative Ordnung dauerhaft ist und die Sterblichen allemal überlebt. Solange das mit der Alltagserfahrung übereinstimmt, liegt die Aufgabe darin, die Ordnung in Gang zu halten, so wie sie ist. Soweit aber die normative Ordnung aus der Alltagserfahrung verschwindet und die wachsende Kontingenz immer weitere Teile ihres Platzes übernimmt, verändert sich die Aufgabe: Wenn ich die reale Geltung der Normen schon nicht mehr gewährleisten kann, kommt es auf mich selbst an. Nicht mehr die

[122] Demandt, Geschichte, 215.

verlorene äußere Ordnung, sondern der Mensch ist dann aufgerufen, dem Wechsel Dauer abzugewinnen – und dazu zuallererst selbst stetig zu werden. Die Stoa verhält sich hier ebenso wie zur funktionalen Differenzierung: Zwar schärft sie immer wieder ein, wie vergänglich und unmaßgeblich der Mensch gegenüber der Weltordnung sei. Diese Betrachtung ist aber selbst Teil einer Übung, die den Betrachter aus den Verstrickungen der Kontingenz lösen soll.[123] Das äußerliche Auf und Ab des Lebens soll ihm nichts mehr anhaben können. Vielmehr soll er Erkenntnisse erlangen, die er nicht mehr ändern muß. Damit leistet die Stoa auf geistiger Ebene ganz Ähnliches wie der Staat. Hier wie dort geht es um die Selbstverstetigung des Menschen in wechselvoller Zeit.

Die besonderen Eigenschaften des neuzeitlichen Staates stellen zugleich besondere Ordnungsaufgaben. Zum einen dürfen die Funktionsbereiche einander nicht allzu sehr im Wege stehen – gerade weil sie unabhängig voneinander jeweils ihren eigenen Gesetzen folgen sollen. Dies wurde oben schon unter dem Stichwort Verkehrsfähigkeit berührt und soll jetzt unter dem allgemeineren Begriff der Integration vertieft werden. Zum anderen müßte die Distanz als Bauprinzip des neuzeitlichen Staates ihre Funktion verfehlen, wenn sie bloß als Ferne und Verlassenheit empfunden würde. Es geht ja gerade darum, Kontingenz zu bewältigen.

So wird weiter unten gezeigt, wie die Figur der Repräsentation diese Aufgabe löst. Trotz Integration und Repräsentation bleiben dem neuzeitlichen Staat aber doch einige Aporien, die am Ende kurz angerissen werden.

[123] Foucault, Hermeneutics (17. Februar 1982), 273.

a. *Integration*

Es gibt zwei Arten, Integration hervorzubringen: Erstens können sich Interessen entwickeln und förmlich aufeinander beziehen. Das geschieht typischerweise in Austauschverhältnissen. Und zweitens kann der Staat Elemente der Organisation in sich aufnehmen – mit den bekannten Risiken für seinen politischen Charakter. Das Interesse ist ein objektiver und starr standardisierter Ersatz für den wirklichen Willen. Zum Beispiel ist mir als Verbraucher das Interesse an einer möglichst grenzenlosen Produktauswahl zugeordnet. Ob ich das wirklich will, ist für die Zuordnung unerheblich.[124] Es genügt, daß sie aufs Ganze gesehen dem stochastischen Befund über alle Verbraucher einigermaßen entspricht – und vielleicht ist noch nicht einmal das nötig. Das so bestimmte Interesse stellt durch Standardisierung Verkehrsfähigkeit her. Wenn ich in der Rolle des Verbrauchers (oder des Gläubigers, oder des Staatsbürgers) auftrete, kennt jeder mein Interesse – und jeder kann sich auch darauf verlassen, weil mein bloßer Wille es nicht ändern wird. Es handelt sich ja um eine feste, standardisierte Form. Damit eignet sich die Figur des Interesses auch dazu, staatliche Herrschaft zu begründen. So kann der Staat behaupten, auf meinen Vorteil (Interesse) bedacht zu sein, ohne sich deswegen von den Zufällen der Meinungsbildung in einem realen Personenverband abhängig zu machen. Wie weit er damit kommt, hängt im wesentlichen davon ab, wie weit die Gesellschaft sich selbst organisieren kann – oder genauer gesagt: ob ihre Interessen weiter reichen als ihre Organisationskraft. Die Schwäche des Interesses ist seine Starrheit. Eine echte Verständigung, bei der ich meinen wirklichen Willen vielleicht ändere, kann in seinem Rahmen nicht stattfinden. Wenn ich Verständigung will, muß ich sie jenseits der Welt der Interessen suchen – und mit einem Verlust an Verkehrsfähigkeit bezahlen.

---

[124] Foucault, Sicherheit, 158 und Biopolitik, 375f.

Seine eigentliche Integrationsleistung erbringt das Interesse nicht aus sich heraus, sondern indem es zwei andere Erscheinungen für sich nutzt – die natürliche Einheit des Menschen und den Lauf der Zeit. Jedem von uns sind viele unterschiedliche Interessen zugeordnet. Bei fortgeschrittener funktionaler Differenzierung führt das dazu, daß die Meisten nicht immer in all ihren Interessen zurückstecken müssen – so wenig, wie sie sich mit all ihren Interessen immer durchsetzen können. Es gibt dann keinen sozial greifbaren Personenkreis, der von vorneherein als Gewinner oder Verlierer dasteht – die zerfasernde Kraft der zahlreichen Einzeltransaktionen läßt diesen Gegensatz gar nicht erst entstehen. Die vielen Fälle des Gewinnens und Verlierens gleichen sich vielmehr in der natürlichen Einheit des einzelnen Menschen aus. Stabilisiert wird dadurch der Verkehr der Interessen als solcher. Man empfindet ihn als fair, solange nicht Gruppen greifbar werden, die allzu offensichtlich überall gewinnen oder jedesmal leer ausgehen. Dieses Risiko ist umso höher, je stärker die Gesellschaft auf den Verkehrswert der Interessen abstellt – er erlaubt es ja, die Leistungen der unterschiedlichen Funktionsbereiche recht und schlecht miteinander zu vergleichen. Man denke an die Preisrelationen der Ökonomie (wieviele Sardinenbrote kostet ein Opernbesuch?). Umgekehrt ist das Risiko umso geringer, je stärker man auf den Gebrauchswert achtet, den ein Interesse jeweils konkret für den Funktionsbereich hat, aus dem es stammt (Monteverdi oder Gluck?).

Anders gewendet handelt es sich um die Frage, ob eine Gesellschaft ihren Blick stärker auf den endlichen Ablauf der jeweiligen Einzeltransaktion oder die Dauer des Verkehrs selbst richtet. Die erste kommt im Verbrauch zur Ruhe und der zweite bringt unersättliche Optimierungsziele hervor.

Übrigens entspricht das Verkehrsmodell, in dem ich meine Interessen in einem Bereich durchsetzen kann und im anderen nicht, recht genau der neuzeitlichen Idealvorstellung eines freien zivilgesellschaftlichen Diskurses über Sachthemen.[125] Dieser Diskurs stellt ja ebenfalls nicht konkrete Personen oder Verbände, sondern feste, standardisierte Denkfiguren („Argumente") gegeneinander. Die Verkehrsfähigkeit, die das gängige, geläufige Argument begünstigt,[126] steht hier klar im Vordergrund. Darin liegt wiederum ein starker Gegensatz zur klassischen Antike. Für sie war die Herstellung und Absicherung von Verkehrsfähigkeit keine dringende Aufgabe, weil die normative Verständigungsordnung ja schon jedem gegeben war, soweit sie ihn anging. Deshalb will der antike Diskurs nicht in unserem Sinne argumentieren, sondern die Sache selbst – „etwas als etwas"[127] – erscheinen lassen, und zwar selbst dann, wenn sie nur mit asketischer Anstrengung zu begreifen ist.[128] Der klassischen Antike geht es also um den Gebrauchswert, nicht den Verkehrswert des Diskurses.

Der Interessebegriff trägt auch dadurch zur Integration bei, daß er die Zeit als Material nutzt, um Spannungen abzubauen (Prozessualisierung). Eben wurde deutlich, daß das Interesse zwar starr ist, in dem Sinne, daß der wirkliche Wille es nicht ändern kann. Es ist aber auch flexibel in dem Sinne, daß es möglich und zuweilen notwendig ist, im Moment zurückzustecken. Sonst gäbe es ja keine Verkehrsfähigkeit. Niklas Luhmann[129] hat gezeigt, wie die Vorstellung von Werten und berechtigten Interessen diejenigen Fälle bezeichnet, in

[125] Luhmann, Politik, 133.

[126] Montaigne, Essais I, XXIII (184) und XXV (207): „de mettre en trafic la raison même et donner aux lois cours de marchandise." Gemeint sind die Folgen nicht allgemeinverständlicher Gesetze.

[127] Heidegger, Sein und Zeit, 32f.; 159.

[128] Foucault, Hermeneutics (3. Februar 1982), 190.

[129] Politik, 123f.

denen ein heute verlangtes Zurückstecken später kompensiert werden würde. Um Kompromißbereitschaft herzustellen, wird also die Menge der verfügbaren Tauschgegenstände radikal vergrößert – nicht nur sachlich über die verschiedenen Funktionsbereiche hinweg, sondern auch zeitlich durch Kompensationsmöglichkeiten in der Zukunft. Es liegt auf der Hand, daß die quantitative Steigerung des Lebens immer neue Möglichkeiten dazu bietet. Ähnlich wie das Versprechen und Verzeihen soll der Zusammenhang zwischen Kompromiß und Kompensation die kontingente Zeit überbrücken. Hier wie dort kann das nur auf normativem Wege gelingen. Der Begriff des Interesses zeigt insoweit nur den Regelungsbedarf an.

Nur einzelne Transaktionen können kompensiert werden, nicht der Verkehr an sich. Deshalb kann das Interesse auch in seiner zeitlichen Funktion nicht immer und überall integrierend wirken. Unter Umständen gelingt es eben nicht, unterschiedliche Interessen so zweckmäßig in der Zeit zu verteilen, daß eine insgesamt stabile Verflechtung entsteht. Das ist zum Beispiel dann der Fall, wenn bestimmte Interessen einer sozial greifbaren Gruppe durchweg jetzt befriedigt und alle übrigen Interessen auf eine spätere Kompensation vertröstet werden. Oder dann, wenn eine sozial greifbare Gruppe die ihnen bisher zugeordneten Interessen erkennbar nicht mehr verfolgt, sondern von vorneherein mit der Kompensation rechnet.

Integration kann auch organisiert werden. Das geschieht auf drei Arten: Erstens kann der Staat Kräfte aus anderen Funktionsbereichen unmittelbar für sich in Anspruch nehmen. So regt Aristoteles[130] an, öffentliche Ämter verschränkend auf verschiedene gesellschaftliche Schichten zu verteilen. So wird die in der Gesellschaft vorhandene Ungleichheit konstruktiv für die Politik genutzt. Auch die Wehrpflicht nimmt gesellschaftliche Kräfte unmittelbar für politisches Handeln in Anspruch. Sie zeigt, daß es hier nicht nur um die Mobili-

---

[130] Politik, 190 (1308b).

sierung zusätzlicher Kräfte, sondern mindestens ebenso sehr um die integrierende Erfahrung der Zusammenarbeit geht.

Zweitens kann man Ressourcen von anderen Funktionsbereichen abschöpfen und sie nach eigenen Regeln neu verteilen. Diese Möglichkeit setzt nur Macht voraus und ist damit begrifflich nicht auf den Staat beschränkt. Wer immer sie ausübt, rückt damit förmlich in die Verbrauchsseite der Organisationsfunktion ein, die ja darin besteht, Zu- und Abflüsse miteinander zu verknüpfen. Die Produktionsseite blendet er aus, weil er sich um die Folgen der Abschöpfung in der Regel nicht kümmert – und kraft funktionaler Differenzierung auch nicht kümmern muß. Zuweilen liegt der Abschöpfungsakt im Ausschluß von Versorgungsalternativen – wie beim Monopol oder dem Anschluß- und Benutzungszwang. Dann entsteht Integration im Rahmen einer Verbrauchsgemeinschaft von Personen, denen damit automatisch eine Reihe gleicher Interessen zuwächst. Jedenfalls tragen Abschöpfung und Neuverteilung zu allgemeinen Trends in Richtung standardisierter Verbrauchsformen bei. Wer mit Zu- und Abflüssen rechnen muß, die außerhalb seines eigenen Funktionsbereichs bewirtschaftet werden, wird sich nicht so leicht in dessen besonderen, kulturell vorgeprägten Konsummustern (dem „standesgemäßen Leben") einrichten. Vielmehr wird er an den Lebensstandard denken, der für sein Einkommensniveau ganz allgemein üblich erscheint. Hier kann zusätzlich der Konformitätsdruck ansetzen, den Tocqueville für ein typisches Merkmal demokratischer Gesellschaften hält, weil dort jeder gern zur herrschenden Mehrheit gehören wolle. Die Integrationsleistung liegt nun darin, daß jeder sich im gleichen Verbrauchsraster bewegt – seien es Grundbedürfnisse (man denke an die rationierten „kleinen Schalen" Sumers) oder der massenproduzierte Luxus der Gegenwart.

Drittens kann der Staat versuchen, dem Wachstum der Kontingenz und der fortschreitenden funktionalen Differenzierung selbst in die

Räder zu greifen. Dabei geht es durchweg darum, für funktionierende Organisationen zu sorgen, das heißt Einheiten zu schaffen, die die Ansprüche und Lasten der verschiedenen Funktionsbereiche in ein stabiles Gleichgewicht bringen können. Unterschiede gibt es nur in der Richtung. Seit Aristoteles wollen konservative Positionen die funktionale Differenzierung zum Stehen bringen, damit es bei überschaubar kleinen autarken Organisationen bleibt. Der Marxismus wollte sie zu einem gedachten logischen Sollzustand führen, in dem die Organisation endlich all die wachsenden Bedürfnisse und Interessen einholen und aufheben würde. Die bekannten praktischen Schwierigkeiten dieser Positionen haben damit zu tun, daß das Wachstumsprinzip der funktionalen Differenzierung nicht zum Bewirtschaftungsprinzip der Organisation paßt. Die Organisation regelt Ressourcenflüsse durch direkte Verhaltenssteuerung (Disziplin). Was sie nicht erzwingen kann, wird sie nicht veranschlagen (Kameralismus). Die funktional differenzierte Gesellschaft überläßt sich dagegen dem Eigenleben der einzelnen Funktionsbereiche. Die inneren Regeln dieses Eigenlebens treten nicht in konkreten Pflichtverhältnissen, sondern allenfalls statistisch, als grobe Muster im Aggregat zahlloser Einzelfälle in Erscheinung. Sie werden als Konjunkturen erfahren, die man nutzen, aber nicht steuern kann. Michel Foucault[131] hat den historischen Übergang von der alten rationierenden Speicherwirtschaft zum mehr oder weniger kunstvollen Ritt auf den Wellen der Konjunktur plastisch am Beispiel der Nahrungsmittelversorgung gezeigt. Für den Menschen der Neuzeit ist das Ergebnis ambivalent. Einerseits hat der Selbstlauf der Funktionsbereiche sein Leben in vieler Hinsicht unerhört gesteigert.

Andererseits ist die Kontingenz seines Lebens eben dadurch sprunghaft gewachsen – und zwar an einigen Stellen deutlich über die

[131] Sicherheit (18. Januar 1978), 52f.

denkbare Reichweite von Politik, Staat und Organisation hinaus. Das ist auch kein Wunder, denn sie sollten ja dem Selbstlauf der Funktionsbereiche nicht im Wege stehen.

Mit der Steigerung des Lebens werden längere Zeiträume relevant. Von hier aus gesehen ist der Unterschied zwischen dem, was der Selbstlauf konjunktureller Kräfte bewirkt und dem, was das Handeln noch ausrichten kann so groß, daß selbst die strenge funktionale Ausdifferenzierung der Politik ihn nicht ganz verdecken kann. Die Politik steht damit als Funktionsbereich da, der weite Teile der jetzt anstehenden Kontingenzlast nicht mehr allein bewältigen kann. Um das zu können, müßte sie ja ihre spezifische Zeitbeziehung – den kurzen Gang der Handlung – preisgeben. Dafür ist bezeichnend, daß der öffentliche politische Diskurs heute nicht nur den Inhalt einer Maßnahme (zum Beispiel der „Schuldenbremse") betreffen kann, sondern auch die Frage, ob und wie sie Verläßlichkeit herstellen wird – ob die darin enthaltene Selbstbindung „glaubwürdig" ist. Der öffentliche politische Diskurs allein wird diese Frage aber nicht beantworten. Er muß ja selbst immer neu ansetzen und verlangt vielleicht morgen schon Flexibilität, statt zu fragen, ob die Ankündigungen von gestern sich im Rückblick als glaubwürdig erwiesen haben.

Die teils entschlossenen und teils widerwilligen Versuche der Politik, sich förmlich auf längere Zeiträume einzulassen, haben immerhin Organisationen entstehen lassen. Sie stehen aber ebenfalls vor einem Dilemma: Als Organisationen müssen sie nach wie vor Versorgungsaufgaben erfüllen, Lasten verteilen und insgesamt für stetige Ressourcenflüsse sorgen. Dabei können sie aber die betroffenen Funktionsbereiche nicht bewirtschaften, sondern müssen sie grundsätzlich so nehmen wie sie sind – sie sind ja kraft funktionaler Differenzierung relativ selbständig geworden. Die Organisation wird also mit dem selbstläufigen Auf und Ab der Funktionsbereiche belastet, ohne den Anfall dieser Last irgendwie regeln zu dürfen, wie das an sich in ihrer Natur läge. Und selbstverständlich erwartet man weiterhin stetige Ressourcenflüsse von ihr. Auch die Organisationen des Staates sollen also alles können, aber nichts dürfen.

Das wirkt sich auch auf das Verhältnis zwischen Staat und Mensch aus. In der frühen Neuzeit war die unmittelbare Beziehung zum einzelnen Subjekt noch eine entscheidende Kraftquelle für den Staat. Über sie konnte er die Leistungen seiner Untertanen aus den alten Klientelverhältnissen herausbrechen, nach eigenen Regeln disziplinieren und im Rahmen seiner Organisationen bewirtschaften. Umgekehrt konnte der Bürger diese Beziehung nutzen, um den neuzeitlichen Begriff von Subjektivität zu entwickeln und ihn in wirksame rechtliche Formen (wie etwa die Grundrechte) zu gießen. Je mehr der Staat sich aber auf konjunkturelle Kräfte stützt, die gewissermaßen durch die Bevölkerung hindurch wirken, wird die direkte Rechtsbeziehung zu jedem Einzelnen für den Staat zum Verlustgeschäft. Am Ende finden dann auch die Bürger zuweilen nur noch die Positionen glaubwürdig, die vorgeben mit gleichsam naturgesetzlich wirkenden Kräften im Bunde zu sein, statt bloß Handlungen oder Verhaltenssteuerung anzubieten. Hier scheint eine Quelle für totalitäre Gefahren zu liegen.

c. *Repräsentation*

Die Repräsentation wirkt in zwei gegenläufige Richtungen: Sie vergegenwärtigt etwas, was sonst nicht greifbar vorhanden wäre – insoweit hebt sie die Distanz auf. So kann zum Beispiel die kontingenzbewältigende Handlung des Königs durch Repräsentation auch noch über weite zeitliche oder räumliche Abstände hinweg als wirksam erlebt werden. Zugleich schützt die Repräsentation aber auch den Abstand. Der König braucht nicht mehr überall persönlich zu erscheinen (Umritt, Pfalzen[132]), sondern kann ein seinerseits bedeutungsvolles Webmuster von An- und Abwesenheiten entwickeln. Noch wichtiger ist vielleicht, daß die Repräsentation die einzelnen Funktionsbereiche nicht daran hindert, jeweils ihren eigenen Regeln zu folgen. Ebenso wie das Interesse stellt sie nämlich eine rein formale Verknüpfung zwischen den Funktionsbereichen dar. Es ergibt sich ja nicht aus der Natur der Sache, wer nun wen repräsentieren kann oder was geeignet ist, als was zu gelten. Vielmehr herrscht hier seit Beginn der Neuzeit weitgehend nominalistische Willkür. Aber auch die hat ihren Sinn. Die Repräsentation soll ja nicht helfen, irgendeine Kontingenz zu bewältigen, sondern gerade jeweils diejenige, die breite Schichten der Gesellschaft im Moment als besonders belastend empfinden. Deshalb ist die Repräsentation gleichsam eine freie Bühne, auf der produziert werden kann, was immer die Furcht und den Ehrgeiz der Bürger bewegt. So tritt gerade der neuzeitliche Staat oft in der besänftigenden Rolle eines Patrons aus der Zeit der alten Klientelverhältnisse auf.[133] Der Kitsch höfischer Affären ist aber vielleicht noch der beste Beweis dafür, wie sehr gerade die staatliche Repräsentation ein treuer Spiegel der bürgerlichen Gesellschaft bleibt.

Manche trauen der staatlichen Repräsentation eine integrierende Kraft zu, die sie von der Stellvertretung des Zivilrechts grundsätzlich unterscheide.[134] Hier sind Zweifel angebracht. Materielle Integration entsteht in der Neuzeit nur, wenn die Funktionsbereiche Teile ihrer Autonomie opfern, um füreinander verträglich zu sein. Die oben umrissenen organisatorischen Figuren der Inanspruchnahme und Abschöpfung sind Beispiele für unfreiwillige, aber materielle Integration. Die Repräsentation kann wohl dazu beitragen, daß Inanspruch-

132 Boshof, Königtum, 81, 84.
133 Schmitt, Verfassungslehre, 282f.
134 Schmitt, Verfassungslehre, 207f.

nahme und Abschöpfung eher hingenommen werden – zum Beispiel, indem sie sie geistig vorbereitet („Staatsbewußtsein") oder die Zurechnung der entstehenden Lasten auf eine ferne und unangreifbare Person hin ablenkt („Majestät"). Eine selbständige Bedeutung bekommt die Repräsentation dadurch nicht. Insbesondere ist sie der Stellvertretung des Zivilrechts nicht strukturell überlegen. Denn die Stellvertretung stellt wenn nötig ebenfalls auf den öffentlichen Rechtsschein ab und kann rechtsgeschäftliche Handlungsfähigkeit auch dort schaffen, wo sie beim Geschäftsherrn nicht besteht.

Die besondere Lage des neuzeitlichen Staates verformt die Begriffe und verändert die politische Praxis. Daß im Zeichen der Repräsentation grundsätzlich Beliebiges für Beliebiges stehen kann, ermöglicht auf der Ebene der Begriffe einige (vergleichsweise harmlose) rhetorische Kunstgriffe. Sie laufen oft darauf hinaus, handfeste Interessen in Worte zu fassen, die ursprünglich aus dem Bereich des Normativen stammen und damit einen vertrauenerweckenden Klang haben. So kann man den jährlichen Haushaltsplan ein Gesetz nennen – und damit eine politisch errungene Parlamentskompetenz meinen. Man kann als Rechtsnorm bezeichnen, was vom Inhalt her ein Programmsatz ist. Schließlich kann man von Grundrechten sprechen – und damit implizit die naturrechtliche Lehre vom vorstaatlichen subjektiven Recht beschwören – aber damit die Forderung nach mehr rationierter Daseinsvorsorge oder mehr politischer Teilhabe meinen. Solche Kunstgriffe hat es wohl immer gegeben; sie werden durch den Repräsentationsgedanken nur erleichtert. Harmlos sind sie, weil ihre Aussage und Funktion innerhalb einer Gesellschaft stets ohne weiteres verstanden werden. Neu ist nur, daß funktional differenzierte Gesellschaften auf diese Weise ihre Unterschiede zu anderen Gesellschaften noch hervorheben. Zum Beispiel mag es ungute Verflechtungen zwischen privaten und öffentlichen Interessen tatsächlich in vielen – wenn nicht in allen – Gesellschaften geben. Sie können auch empirisch ganz ähnliche Formen annehmen (zum Beispiel Nepotismus und Patronage). Trotzdem wird das Selbstbild solcher Gesellschaften sehr unterschiedlich ausfallen, je nachdem, ob sie diese tatsächlichen Verflechtungen mehr oder weniger förmlich zu ihrem Normenbestand rechnen („Tradition") – oder ob sie wie wir gelernt haben sich Rechtsnormen vorzustellen, die sich bewußt und programmatisch von der elenden Wirklichkeit distanzieren. So gesehen schafft die funktionale Differenzierung Distanz auch nach außen.

Die eigentliche Aporie betrifft den Begriff der politischen Handlung. Seit der Neuzeit kann sie sich nämlich von ihrem Subjekt und ihrem Objekt ablösen. Dann bleibt ihr nur entweder das ruhelose Oszillieren oder die beschwörende Wiederholung gerade der Erscheinungen, die sie eigentlich bewältigen wollte. Das Volk als kollektiv Handelnden greifbar zu machen, war schon in der Antike problematisch. Die Polis löste dieses Problem, indem sie das – dort von vorneherein geringe – Maß an funktionaler Differenzierung förmlich und rituell wieder aufhob. Dagegen gehört es zum Bauprinzip des neuzeitlichen Staates, daß die funktionale Differenzierung weitgehend ungehindert fortschreiten kann. Für die Politik bedeutet das, daß die Handlung dem realen Staat, aber der zugrunde liegende Wille dem gedachten (und durch Repräsentation distanzierten) Souverän zugeordnet wird. Dieser Unterschied wird zwar auch hier rituell behandelt, aber eben nicht förmlich aufgehoben. Denn in der Neuzeit kann das Volk politisch nur handlungsfähig werden, indem es einen Staat ausbildet – und das heißt: einen Anderen für sich handeln läßt. Die Gesellschaft außerhalb des Staates kann also den Willen des gedachten Souveräns nur dadurch zum Ausdruck bringen, daß sie sich kommentierend und zensierend auf die Handlungen des Staates bezieht. Darin ist sie aber frei.

Zum Beispiel muß sie Vollzugslasten nicht in Rechnung stellen und kann jederzeit ihre Meinung über das Handeln des Staates ändern. Das Handeln des Staates kann sich also nicht mehr jederzeit und unbedingt auf ein positives Willenssubstrat verlassen, aus dem es Stetigkeit beziehen könnte.[135] Eindringlich beschreibt Seneca[136] am Beispiel des einzelnen Menschen was geschehen kann, wenn der schweifende Wille sich von der relativ stetigen Grundlage des Selbst trennt: Ruhelosigkeit, immer wieder Anfänge ohne Durchführung, *stultitia*.

Daß der politischen Handlung auch ihr traditionelles Objekt abhanden kommen kann, wurde im Grunde schon gezeigt: An sich ist die Handlung für das kontingente Ereignis gedacht. In der Neuzeit ist aber nicht mehr das Ereignis an sich, sondern das scheinbar unaufhaltsame Wachstum der Kontingenz die maßgebliche Quelle des Problemdrucks. Dieses Wachstum ist aber nicht einfach durch Handlungen, sondern allenfalls durch Organisation und von Zeit zu Zeit auch durch Nutzung von Konjunkturen zu bewältigen.

So kann die Handlung nach beiden Seiten hin leer laufen. Dann liegt es vielleicht nah, wenn sie sich damit behilft, zwei Aspekte der Bedrohung wenigstens mimetisch zu wiederholen – die Friktion zwischen den Funktionsbereichen und die wachsende Kontingenz selbst. Solange es nicht gelingt, die Funktionsbereiche materiell – und das heißt: organisatorisch – miteinander zu verknüpfen, neigt die politische Praxis zuweilen dazu, die anhaltenden Reibungen zwischen ihnen in der ihr vertrauten Form der Handlung darzustellen. Zu sehen sind dann jeweils kurze spektakuläre Zusammenstöße zwischen klar erkennbaren Akteuren, die sich in ähnlicher Form immer wieder ereignen und danach nicht mehr aktuell sind. Der Gedanke eines sinnvollen Rituals liegt hier nicht ganz fern.

---

[135] Toqueville, Democratie, Band I, 323.

[136] De Tranquilitate Animi, 1f.

Eine ganz andere Rolle spielt die Wiederholung der Kontingenz als Terror und Unernst. Gemeint ist zunächst der politische Terror, der Kontingenz bewußt hervorbringt, weil er weiß, wie stark und zerstörerisch sie auf die Menschen und ihre Ordnungen wirken kann.[137] Vielleicht spielt hier auch der irrationale Wunsch mit, sich gleichsam magisch mit den übermächtigen Kräften der Kontingenz zu verbünden. Dann wäre der politische Terror im Grunde eine Perversion des Opfers.

Der Unernst ist die wesentlich harmlosere Variante. Spielerisch wiederholt er die vorhandene Kontingenz im atemlosen Wechsel von politischen Themen und Debatten. Wie jeder sieht, dient dieser Wechsel nicht dem Abbau der Kontingenz (dieser Aspekt bleibt ja als Vollzugslast ausgeklammert), sondern nur der Bewährung der handelnden Personen, die sich darin mehr oder weniger gut „positionieren" können. Wenn dabei die materielle Integration von Interessen oder Funktionsbereichen unterbleibt, wird das gern unter Stichworten wie Fairneß, Offenheit, Unbefangenheit und Gleichbehandlung gewürdigt. Auf der ernsten und unsichtbaren Kehrseite gibt es dann zwei Möglichkeiten: Entweder bildet man materielle Integration außerhalb des politischen Diskurses – und damit ohne seine oft heilsame Kontrolle. Oder die Probleme bleiben ungelöst.

Vom Standpunkt der Kontingenzbewältigung aus gesehen sind das überwiegend Ausweichbewegungen und Ersatzhandlungen. Für die Substanz gilt wohl die Faustregel, daß auch die funktionale Differenzierung historisch an Grenzen stößt – man denke an den Untergang des Alten Reichs in Ägypten und die uns viel näher liegende Krise des 17. Jahrhunderts, deren Aktualität wir trotzdem vielleicht noch nicht ganz überblicken. Der Rückweg in einfachere Gesellschaftsordnungen wird gerade in solchen Zeiten zwar immer wieder

[137] Aristoteles, Politik, 204 (1313b) bringt einen erschreckend aktuellen Überblick über tyrannische Herrschaftsmethoden. Dort spielt auch der Terror schon eine Rolle.

erprobt, bleibt aber in aller Regel versperrt. Das gilt schon deshalb, weil stets viel mehr Menschen in irgendeinem Sinne archaisch leben wollen, als je in einer wirklichen Urzeit gelebt haben. Allerdings stellen diese Zeiten jedesmal neue konkrete Organisationsaufgaben. Sie sind nur von einem Standpunkt aus zu erfüllen, der die einzelnen Funktionsbereiche übergreift und damit im eigentlichen Sinne politisch ist.

IV. Schluß

Das für die Neuzeit typische Wachstum der Kontingenz ergibt sich nicht bloß als Nebenfolge aus bestimmten historischen Abläufen. Es gehört von vorneherein zum Programm der Moderne. In diesem Sinne spricht Claude Levy-Strauss[138] von den „heißen" Gesellschaften, die immer neue Taten, Ereignisse und Unterschiede freisetzen wollen, statt sie rituell abzubauen wie die archaischen „kalten" Gesellschaften. Kompensatorische Riten wie die Tragödie, die immer wieder die Brüchigkeit neugewonnener Spielräume erleben läßt, prägen in der Neuzeit nicht mehr den Blick der Gesellschaft auf sich und ihre Aufgabe. Wie üblich verdrängt sie solche Dinge in einen gesonderten Funktionsbereich – hier den des Ästhetischen. Dort stören sie nur, wenn es gewünscht ist.

Die Neuzeit hat sich so vertrauensvoll auf das Wachstum der Kontingenz eingelassen, weil sie von ihm per Saldo immer etwas erwartete, was sie für vorteilhaft hielt. Das war zuerst die Aussicht auf eine nach Vernunftgründen durchorganisierte Welt und danach der Glaube an einen gleichsam naturgesetzlich programmierten Fortschritt. Die unterschiedlichen Grundhaltungen von Organisation und Fortschrittsdenken zeigen sich nicht zuletzt im Charakter der historischen Schäden, die sie jeweils anrichten: Die Organisation will restlos alle potentiell relevanten Kräfte aus den überkommenen Bindungen lösen und nach ihren Zwecken neu einsetzen. Kräfte außerhalb der Organisation sind für sie nicht einfach überflüssig, sondern nur noch nicht ausreichend in Wert gesetzt, namentlich durch Disziplin.

[138] Das Wilde Denken, 270.

Deshalb trennt die Sozialfürsorge des 17. Jahrhunderts noch sorgfältig zwischen „arbeitswilligen" und „arbeitsscheuen" Armen – je nachdem will sie ja unterschiedliche disziplinarische Maßnahmen ansetzen. Die dabei entstehenden Schäden sind die der Verhaltenssteuerung: Entfremdung, Abhängigkeit, Unfreiheit.

Das angeblich gesetzmäßige Fortschreiten der Geschichte wurde dagegen immer wieder so vorgestellt, daß es nicht alle mitnimmt, sondern bestimmte Lebensformen einfach übergeht. Entsprechend sind die Schäden hier die des Wettbewerbs um als knapp gedachte Zukunftschancen („ein Platz an der Sonne") und die der sozialen Ausschließung bis hin zur Vernichtung. Lange konnte die Neuzeit mit solchen Schäden leben. Sie neigt ja überhaupt zu pauschalen Saldierungen wie dies oben am Begriff des Interesses gezeigt wurde. So wurde es möglich, daß auch ganz abstrakte Denkfiguren als scheinbar schlüssige Gründe für furchtbarste Opfer ausgegeben werden konnten. Dahinter steht vielleicht einfach der Sog der funktionalen Differenzierung. Auf irgendeine Weise profitiert jeder davon. Viele Schäden treten auch gar nicht in „meinem" Funktionsbereich auf und fast immer finde ich einen anderen, der eher als ich berufen wäre, sie zu bewältigen.

Es ist fraglich, ob das immer so weitergehen kann. Denn zum einen ist der Grenznutzen weiterer funktionaler Differenzierung jedenfalls in den reifen Gesellschaften der Gegenwart nicht mehr so klar erkennbar wie früher. Diese Bewegung bringt ja nur dann etwas ein, wenn sie dem System zusätzliche Unterschiede („Mikrodiversität"[139]) verschafft. Der im Interesse enthaltene Verkehrswert neigt dazu, vorhandene Unterschiede zu verbrauchen. In einer nivellierten Welt läuft aber die funktionale Differenzierung leer. Beispiele des Leerlaufs hatten wir schon gesehen.

[139] Luhmann, Politik, 351, Fn. 67.

Wie in der Kunstszene der Gegenwart wird dann gern über Differenz, Diversität und Innovation geredet – auch dort, wo es sie nicht mehr gibt.

Zum anderen ist die Art, wie ich mein äußeres Auskommen finde, stets aufs Engste mit meiner kulturellen Identität verbunden. Karl Marx hat die Wirkung des Seins auf das Bewußtsein durchdrungen – und auch sie ausgesprochen deterministisch gedeutet. Dabei weist Jared Diamond[140] zu Recht auf Gesellschaften hin, die umgekehrt an kulturell vorgeprägten Lebens- und Wirtschaftsformen festhalten, auch wenn sie in den materiellen Untergang führen.

Das ist ganz plausibel, wenn man bedenkt, daß kulturelle Identität die Bedingungen betrifft, die aus meiner Sicht entscheiden, ob mein Leben gelingt oder scheitert. Jacob Burckhardt[141] sagt, wenn man einmal Rom gewesen sei, ändere man sich nicht mehr.

Heute hat die funktionale Differenzierung innerhalb des internationalen Wirtschaftssystems dahin geführt, daß ein Bruchteil der weltweit vorhandenen Arbeitskräfte genügen würde, um den erreichten Bestand an Gütern und Leistungen hervorzubringen. Die früher schon problematische Relation zwischen dem wirtschaftlichen Wert der Arbeit und ihrem Entgelt (Tauschwert) ist damit noch brüchiger geworden. Wie oft könnte man heute sagen, daß es die gleiche Arbeit anderswo billiger gäbe – und das trotzdem höhere Entgelt folglich eher Protektions-, Solidaritäts- und letztlich Machtverhältnisse spiegelt, statt eine bloß wirtschaftliche Wertrelation. Zur Schwierigkeit, auch nur den wirtschaftlichen Gebrauchswert der Arbeit zu bestimmen, sei nur auf die laufende Diskussion über bilanzielle Bewertungsvorschriften verwiesen. Was diese Entwicklungen für die gesellschaftliche Funktion der Arbeit (zum Beispiel als Statuskriterium) bedeuten, ist derzeit wohl noch nicht zu überblicken. Daß sie das

---

140 Collapse.

141 Betrachtungen, 166.

Bild der Arbeit und damit ein fundamentales Element der bürgerlichen Identität verändern werden, liegt auf der Hand. Hier kommt es nur darauf an, daß die Bewegung zur funktionalen Differenzierung als solche in Frage stehen könnte. Daß sie uns immer wieder zwingt, nach einer Übergangszeit („*cultural lag*") unsere Identitäten neu zu denken, fanden wir erträglich – solange dabei im Ganzen greifbare materielle Vorteile abfielen. Wenn diese Geschäftsgrundlage wegfällt, könnte das anders aussehen.

Während der Krise des 17. Jahrhunderts[142] waren zwei Aufgaben zu lösen: Erstens ging es um einen Wechsel des Weltbilds. Die noch in der Renaissance geltende normative Verständigungsordnung wurde abgelöst, um der funktionalen Differenzierung und damit auch der Entstehung von Organisation und Staat Raum zu geben. Zweitens mußte der Staat Unterstützung in breiteren Bevölkerungsschichten finden – auch und gerade außerhalb der hauptstädtischen Eliten, auf dem platten Land. Der bewußt herausgehobene Renaissancehof mit seiner offen „unwirtschaftlichen" und international orientierten Prachtentfaltung mußte dazu verschwinden. Im (an dieser Stelle vorbildlichen) England trat ein konfliktreicher, aber überaus tragfähiger Integrationsprozeß an seine Stelle: Der Staat fand sich in seine neue Rolle als Zweckbetrieb und neue idealistisch gestimmte Schichten mußten sich nach und nach in den unansehnlichen Techniken üben, die politische Handlungsfähigkeit erst ermöglichen.

Vielleicht zeichnen sich heute Aufgaben von ähnlicher Größenordnung ab. Wie bereits angedeutet, stellt sich eines Tages die Frage, was kommt, wenn das Wachstum der funktionalen Differenzierung ausgespielt hat. Der Rückweg in frühere Gesellschaftsordnungen ist sicher versperrt. Aber vielleicht hilft es doch, wenn unser kulturelles Gedächtnis in eine Zeit zurückreicht, in der die funktionale Differenzierung noch eine Begleiterscheinung „guter Zeiten" und nicht das

[142] Trevor-Roper, Crisis, 43f.

Bauprinzip unserer Gesellschaft war. Einige Restbestände an überkommenen Denk- und Verhaltensformen sind ja so alt, daß sie Erscheinungen der funktionalen Differenzierung immer noch wie selbstverständlich als Fremdkörper behandeln. Man soll nichts wegwerfen, was man später vielleicht noch brauchen kann.

Noch dringender ist vielleicht die Integrationsaufgabe. Wenn kulturelle Unterschiede geringer werden[143] und der Wert der Arbeit selbst dem Wirtschaftssystem keine rechte Orientierung mehr gibt, dann ist wachsende soziale Ungleichheit immer schwerer begreiflich zu machen. Vielleicht noch mehr als der Renaissancehof muß sich die *McMansion* der Gegenwart die Frage gefallen lassen, wozu die ganze Pracht eigentlich da ist. Solche Fragen tauchen immer dann auf, wenn bisherige Selbstverständlichkeiten („Herrschaft muß sich zeigen", „Jeder nutzt seine Chancen") nicht mehr jedem so unmittelbar einleuchten.

Wie jedesmal hantieren wir an den Aufgaben der Gegenwart mit dem zusammengewürfelten geistigen Werkzeug aus Dutzenden von Vergangenheiten. Das abgeschlossene System kulturell vorgeprägter Bauelemente, mit dem Claude Levy-Strauss' „*bricoleur*" noch arbeiten konnte, geht uns heute ab – wir kennen nur noch seine Reste. Wie es ausgeht, kann keiner sagen.

[143] Muchembled, Culture.

Literaturverzeichnis

Arendt, Hannah: Vita Activa (1958), Fünfte Auflage, München 2007

Aristoteles: Politik, Übersetzt von Eugen Rolfes, Vierte Auflage, Hamburg 1981

Assmann, Jan: Ägypten – Eine Sinngeschichte, Dritte Auflage, Frankfurt 2003

Attali, Jacques: Blaise Pascal, Übersetzt von Hans Peter Schmidt, Stuttgart 2006

Augustinus: Bekenntnisse, Übersetzt von Joseph Bernhart, Frankfurt 1987

Idem: Vom Gottesstaat, Übersetzt von Wilhelm Thimme, Vierte Auflage, München 1997

Bachmann, Ingeborg: Sämtliche Gedichte, Fünfte Auflage, München 1996

Böckenförde, Ernst-Wolfgang: Geschichte der Rechts- und Staatsphilosophie, Tübingen 2002

Boshof, Egon: Königtum und Königsherrschaft im 10. und 11. Jahrhundert, Zweite Auflage, München 1997

Burckhardt, Jacob: Weltgeschichtliche Betrachtungen (1905), Stuttgart 1978

Burke, Peter: Offene Geschichte, Frankfurt 1998

Capelle, Wilhelm: Die Vorsokratiker, Stuttgart 1968

Christ, Karl: Geschichte der Römischen Kaiserzeit, Dritte Auflage, München 1995

Cunliffe, Barry: The Oxford Illustrated History of Prehistoric Europe, Oxford 1994

Demandt, Alexander: Geschichte der Spätantike, München 1998

Diamond, Jared: Collapse, London 2005

Idem: Vengeance is Ours, The New Yorker, 21. April 2008, 74f.

Fest, Joachim: Hitler, Achte Auflage, Berlin 2006

Finley, Moses I.: The Ancient Economy, Berkeley 1973

Foucault, Michel: The Order of Things, New York 1970

Idem: Society Must Be Defended (1975/76), Übersetzt von David Macey, New York 2003

Idem: Sicherheit, Territorium, Bevölkerung (1977/78), Übersetzt von Claudie Brede-Konersmann und Jürgen Schröder, Frankfurt 2006

Idem: Die Geburt der Biopolitik (1978/79), Übersetzt von Jürgen Schröder, Frankfurt 2006

Idem: The Hermeneutics of the Subject (1981/82), Übersetzt von Graham Burchell, New York 2005

Fuhrmann, Fuhrmann: Die Dichtungstheorie der Antike, Düsseldorf 2003

Geertz, Clifford: The Interpretation of Cultures, New York 1973

The Epic of Gilgamesh: Übersetzt von Andrew George, London 1999

Hegel, Georg Wilhelm Friedrich: Grundlinien der Philosphie des Rechts (1821), Frankfurt 1986

Heidegger, Martin: Sein und Zeit (1921), Neunzehnte Auflage, Tübingen 2006

Homer: Ilias, Odyssee, Übersetzt von Johann Heinrich Voß, München 1957

Honderich, Ted: The Oxford Companion to Philosophy, Zweite Auflage, Oxford 2005

Jones, Eric Lionel: Das Wunder Europa, Übersetzt von Monika Streissler, Tübingen 1991

Jünger, Jünger: Der Arbeiter (1932), Stuttgart 1981

Kersting, Wolfgang: Thomas Hobbes, Zweite Auflage, Hamburg 2002

Koselleck, Reinhart: Kritik und Krise (1959), Frankfurt 1973

Idem: Vergangene Zukunft, Vierte Auflage, Frankfurt 2000

Kramer, Samuel Noah: The Sumerians, Chicago 1963

Lévy-Strauss, Claude: Das Wilde Denken (1962), Neunte Auflage, Frankfurt 1994

Luhmann, Niklas: Soziale Systeme (1983), Sechste Auflage, Frankfurt 1996

Idem: Die Politik der Gesellschaft, Frankfurt 2000

Lyons, John: Language and Linguistics, Cambridge 1981

Machiavelli, Niccolò: De principatibus/Il principe (1513/1532), Milano 1979

Aurel, Marc: Selbstbetrachtungen, Zwölfte Auflage, Stuttgart 1973

Meier, Christian: Res Publica Amissa (1966), Dritte Auflage, Frankfurt 1997

Idem: Die Entstehung des Politischen bei den Griechen, Frankfurt 1983

Idem: Kultur, um der Freiheit willen, Zweite Auflage, München 2009

Mommsen, Theodor: Römisches Staatsrecht, Leipzig 1888

Montaigne, Michel de: Essais (1580, 1588), Paris 1965

Muchembled, Robert: Culture populaire et culture des elites, Paris 1978

Nietzsche, Friedrich: Basic Writings, Übersetzt von Walter Kaufmann, New York 2000

Pascal, Blaise: Pensées (1662), Paris 1977

Plato: The Collected Dialogues, Princeton 1989

Popper, Karl R.: Die offene Gesellschaft und ihre Feinde (1945), Übersetzt von Paul K. Feyerabend, Siebte Auflage, Tübingen 1992

Reinhard, Wolfgang: Geschichte der Staatsgewalt, Dritte Auflage, München 2002

Schmitt, Carl: Verfassungslehre (1928), Neunte Auflage, Berlin 2003

Schumpeter, Joseph A.: The Theory of Ecomonic Development, Cambridge, Mass., 1955

Seneca, Lucius Annaeus: De tranquilitate animi, Stuttgart 1984

Snell, Daniel C.: Life in the Ancient Near East, New Haven 1997

Stolleis, Michael: Pecunia Nervus Rerum, Frankfurt 1983

Tocqueville, Alexis de: De la Démocratie en Amerique (Band I: 1835; Band II: 1840), Paris 1981

Trevor-Roper, Hugh: The Crisis of the Seventeenth Century, Indianapolis 1967

Weber, Max: Die Römische Agrargeschichte (1891), Tübingen 1988

Wittgenstein, Ludwig: Tractatus logico-philosophicus (1921), Frankfurt 1963

REIHE PHILOSOPHIE

➢ Robert Langer

Vergangenheit und Gegenwart unseres Geistesverständnisses

Vom substantiellen Subjekt zum prozessbestimmten Subjekt

Band 30, 2007, 238 Seiten, br.,
ISBN 978-3-8255-0679-7, 24,90 €

Was verstehen wir unter Ich? Das Ichverständnis als Subjekt, wie es von der Hauptströmung der neuzeitlichen europäischen Philosophie propagiert wurde, ist nach der Revolution durch die Evolutionstheorie und spätestens die Kognitionswissenschaften nicht mehr ernsthaft nachvollziehbar. Bedeutet dies aber, es gäbe das Subjekt nur, insoweit es in den sprachlichen Diskurs bzw. im weitesten Sinn in Systeme von Zeichen eingeschrieben ist, die ihrerseits keine Bedeutung an sich mehr aufweisen? In enger Anlehnung an neuere kognitionswissenschaftliche Vorstellungen wird in diesem Buch ein kybernetisches Modell des prozessbestimmten Selbst zur Lösung des Subjekt-/Identitätsproblems vorgeschlagen. Des Weiteren wird entgegen dem materialistischen Paradigma unserer Epoche versucht, die Irreduzibilität des Bewusstseins mit diesem Steuerungsmodell zu vereinbaren.

➢ Hellmuth Kiowsky

Die Urkraft des Bösen

Das Böse - ein notwendiger Faktor im Weltgeschehen?

Band 31, 2008, 180 Seiten, br.,
ISBN 978-3-8255-0389-5, 17,90 €

➢ Rudolf Kischkel

Blick in die Ewigkeit

Eine zeitgemäße Welt- und Selbsterkenntnis

Reihe Philosophie, Band 29, 2. ergänzte Auflage 2007, 190 Seiten, 7 Farbabbildungen, br.,
ISBN 978-3-8255-0670-4, 21,50 €

➢ Wolfgang Möller

Ankunft aus dem Nichts

Das Rätsel meines Daseins

Reihe Philosophie, Band 28, 2007, 160 Seiten, br.,
ISBN 978-3-8255-0653-7, 18,50 €

Zeitfracht Medien GmbH
Ferdinand-Jühlke-Straße 7
99095 Erfurt, Deutschland
produktsicherheit@kolibri360.de